はしがき

　本書は、簡裁民事ハンドブックシリーズの「民事保全編」である。「民事保全編」まで刊行できたことで、すでに刊行済みの「通常訴訟編」、「少額訴訟編」、「少額訴訟債権執行編」とあわせて、簡裁民事実務のうちの訴訟にかかわる部分については、何とかまとめることができ、これで、このシリーズを利用していただいている方の利便にも少しは役立つのではないかと思われる。

　本書のポイントは次のとおりであって、本シリーズの基本的な考え方と同様である。

○　民事保全事件のうち、簡裁において比較的利用が多いと思われる債権に対する仮差押えと不動産に対する仮差押えについて、差し当たって必要ではないかと思われる基礎的な事項につき、可能な限り触れることとした。もっとも、ハンドブックシリーズのコンセプトであるハンディさを損なわないために、これまでと同様、説明は極力コンパクトにすることを心がけた。

　　また、実務上の例外的な項目については思い切って割愛した。

○　民事保全手続の実務書を見ると、記載内容の重複を避けるということもあって、保全命令手続と保全執行手続に分けたうえで、それぞれの解説の中で、債権仮差押えと不動産仮差押えをまとめて記載している例が多いと思われるが、初めて民事保全手続を行う場合には、債権と不動産、それぞれについて、仮差押えの申立てから執行手続までの全体の流れを概観できたほうがわかりやすいのではないかという配慮から、章を分けて記載することとした。

○　ハンディさを損なわない範囲で、できるだけ、図表や書式・記載例・実務上の留意点に触れた実務ノートを盛り込んで、わかりやすく、かつ利用しやすいものとなるよう心がけた。

　また、本書執筆にあたっては、これまで同様、いろいろな文献を参考にさ

せていただいたが、ハンドブックという性格上、裁判例や参考文献をいちいち示すことをしなかった。本書によって不足する知識や情報については、東京地裁保全研究会編『書式民事保全の実務』をはじめとする文献を参照していただきたい。

　前述のように、本書をもって訴訟にかかわる部分については、何とか完成までこぎ着けることができたとはいうものの、このシリーズの全体構想からみれば、やっと半分程度を終えたところである。当初の構想からすればとっくに全巻を駆け抜けていなければならないにもかかわらず、いまだにいつ終着駅にたどり着くのか、全くみえてこない状況となっているのは、ひとえに筆者の勉強不足によるものであり、このシリーズの刊行をお待ちいただいている読者の方には、お詫びの言葉しか思い浮かばない。直ちに、これまでの牛歩を超えるあゆみから早く抜け出して、というわけにはいかないが、少しでも歩みを早めるべく努力をしていきたいと思う次第である。

　また、私事ではあるが、本書についても、妻（美穂）の支えがあったことを触れないわけにはいかないであろう。花を愛でる妻は、季節にあわせ、庭一面にさまざまな花を咲かせ、私の心を和ませてくれた。また、私が水やりに失敗し、すっかり干からびてしまったと思っていたサボテンが、何年ぶりかで花を付けたとき、生きる物の強さを感じるとともに、あきらめない気持ちがどれほど大切かをあらためて実感した次第である。やはり妻の存在なくして、このシリーズの完成は覚束ないようである。

　　　不漁が続く琵琶湖の鮎が　戻りつつあるとの知らせを聴いて
　　　もう一度歩き出すことを心の中で誓いつつ（平成29年6月に記す）

　　　　　　　　　　　　　　　　　　　　　　　近　藤　基

目　次

第1章　手続の概要

1　はじめに……………………………………………………………… 2
2　手続の特色…………………………………………………………… 2
3　民事保全の種類……………………………………………………… 3
4　基本的な流れ………………………………………………………… 3
　　〈図〉　手続の基本的流れ…………………………………………… 4

第2章　債権仮差押え

1　申立て………………………………………………………………… 9
　(1)　管　轄……………………………………………………………… 9
　　(A)　簡易裁判所に管轄が認められる場合……………………………… 9
　　(B)　管轄が認められない場合…………………………………………… 9
　(2)　申立書の記載事項………………………………………………… 9
　　(A)　申立書の構成等……………………………………………………… 9
　　　【書式1】　債権仮差押命令申立書……………………………………10
　　(B)　申立書の本体部分……………………………………………………13
　　(C)　当事者目録……………………………………………………………19
　　　（参考1）　代理人による申立ての場合の記載例……………………20
　　　（参考2）　法人の支店等への送達を希望する場合の記載例………21
　　(D)　請求債権目録…………………………………………………………22
　　　（参考3）　請求債権目録──売買代金債権の記載例………………23
　　　（参考4）　請求債権目録──貸金返還請求権の記載例……………24
　　　（参考5）　請求債権目録──請負代金請求権の記載例……………24

3

目　次

　　　　　（参考6）　請求債権目録──連帯保証債務履行請求権の記載例………25
　　　　　（参考7）　請求債権目録──主債務者（貸金返還請求権）と連
　　　　　　　　　　帯保証人（連帯保証債務履行請求権）に対して請求す
　　　　　　　　　　る場合の記載例……………………………………………25
　　　(E)　仮差押債権目録………………………………………………………26
　　　　　（参考8）　仮差押債権目録──売買代金債権の記載例……………28
　　　　　（参考9）　仮差押債権目録──賃料債権の記載例…………………29
　　　　　（参考10）　仮差押債権目録──敷金返還債権の記載例……………30
　　　　　（参考11）　仮差押債権目録──給与債権等の記載例………………30
　　　　　（参考12）　仮差押債権目録──請負代金債権の記載例……………35
　　　　　（参考13）　仮差押債権目録──預貯金債権の記載例………………36
　(3)　疎明方法の提示…………………………………………………………40
　(4)　添付書類等………………………………………………………………41
　　　(A)　資格証明書……………………………………………………………41
　　　(B)　申立手数料（収入印紙）……………………………………………41
　　　(C)　郵便切手………………………………………………………………41
　　　(D)　当事者目録、請求債権目録および仮差押債権目録の写し………42
　　　(E)　疎明書類の原本および写し…………………………………………42
　　　(F)　その他の必要書類……………………………………………………42
　(5)　第三債務者に対する陳述の催告の申立て……………………………43
　　　(A)　陳述の催告を求める目的……………………………………………43
　　　(B)　申立ての時期および催告の方法……………………………………43
　　　　　【書式2】　第三債務者に対する陳述催告の申立書………………44
　　　　　（参考14）　催告書……………………………………………………44
　　　　　（参考15）　陳述書用紙………………………………………………45
　　　　　（参考16）　事務連絡（陳述書の書き方）…………………………46
　　　　　（参考17）　陳述書記載例……………………………………………49
　　　　　（参考18）　事情届用紙………………………………………………50

(C)　第三債務者に対する陳述を催告する事項…………………51
　　　(D)　陳述書の提出期限……………………………………………51
　　　(E)　第三債務者による陳述の法的効果…………………………51
　　　(F)　陳述書の訂正…………………………………………………51
　2　保全命令手続……………………………………………………………52
　(1)　申立書の受付…………………………………………………………52
　(2)　申立書の審査…………………………………………………………53
　　　(A)　審査の方法……………………………………………………53
　　　(B)　必要的記載事項の審査………………………………………54
　　　(C)　申立ての要件の審査…………………………………………54
　　　　　【書式3】　債権仮差押命令申立書の訂正申立書……………55
　　　　　（参考19）　申立ての却下決定例………………………………56
　(3)　担　保………………………………………………………………57
　　　(A)　担保の性質……………………………………………………57
　　　(B)　担保を命じる方法……………………………………………58
　　　　　（参考20）　担保決定例…………………………………………58
　　　(C)　担保提供の方法………………………………………………59
　　　(D)　担保額の算定…………………………………………………61
　　　(E)　担保提供の期間………………………………………………61
　　　　　【書式4】　担保提供期間の延長申請書……………………61
　　　　　（参考21）　担保提供しないことによる申立ての却下決定例……62
　　　(F)　当事者複数の場合の担保の定め方…………………………62
　　　(G)　供託書の記載内容に誤記がある場合………………………63
　　　　　【書式5】　供託書不受理申請書………………………………63
　　　　　【書式6】　不受理証明申請書……………………………………64
　　　　　【書式7】　不受理証明書受書……………………………………65
　(4)　仮差押決定の作成……………………………………………………65
　　　(A)　決定の記載事項………………………………………………65

目次

    （参考22）　債権仮差押決定例 ……………………………………66
    （参考23）　債権仮差押決定例──第三債務者が複数の場合 ………67
  （B）　仮差押解放金 ……………………………………………………68
    【書式8】　仮差押解放金の供託による債権仮差押執行取消申立書 ……69
    （参考24）　債権仮差押執行取消決定 ……………………………70
    （参考25）　第三債務者に対する執行取消通知書 ………………71
 (5)　仮差押決定の送達 …………………………………………………71
  （A）　債務者への送達 …………………………………………………71
  （B）　債権者への送達 …………………………………………………71
    【書式9】　請書（受領書） ………………………………………72

3　保全執行手続 …………………………………………………………72

 (1)　執行手続の概要 ……………………………………………………72
 (2)　効力発生の時期 ……………………………………………………73
 (3)　第三債務者に対する仮差押決定正本が不送達となった場合の
  取扱い ………………………………………………………………73
  （A）　「不在」を理由として返戻された場合 …………………………73
  （B）　「あて所に尋ねあたらず」を理由として返戻された場合 ………73
 (4)　第三債務者による供託と事情届 …………………………………73

4　保全命令申立ての取下げ ……………………………………………74

 (1)　取下げの方式 ………………………………………………………74
    【書式10】　保全命令申立ての取下書（債権） …………………75
 (2)　取下げの時期 ………………………………………………………75
 (3)　債務者の同意の要否 ………………………………………………75
 (4)　取下げの効果 ………………………………………………………75
    （参考26）　第三債務者に対する取下通知書 ……………………76
 (5)　相手方に対する取下げの通知 ……………………………………76
    （参考27）　債務者に対する取下通知書 …………………………77

第3章　不動産仮差押え

1　申立て ……………………………………………………………………83
　(1)　管　轄 …………………………………………………………………83
　　(A)　簡易裁判所に管轄が認められる場合 ………………………………83
　　(B)　管轄が認められない場合 ……………………………………………83
　(2)　申立書の記載事項 ……………………………………………………83
　　(A)　申立書の構成等 ………………………………………………………83
　　　【書式11】　不動産仮差押命令申立書 …………………………………83
　　(B)　申立書の本体部分 ……………………………………………………86
　　(C)　当事者目録 ……………………………………………………………90
　　　(参考28)　登記権利者・義務者目録の記載例 ………………………91
　　(D)　請求債権目録 …………………………………………………………92
　　(E)　物件目録 ………………………………………………………………93
　　　(参考29)　物件目録の記載例──区分所有建物の場合 ……………94
　　　【書式12】　上申書──不動産価額 ……………………………………96
　(3)　疎明方法の提示 ………………………………………………………97
　(4)　添付書類等 ……………………………………………………………98
　　(A)　資格証明書 ……………………………………………………………98
　　(B)　不動産登記事項証明書・固定資産評価証明書 ……………………98
　　(C)　申立手数料（収入印紙） ……………………………………………98
　　(D)　郵便切手 ………………………………………………………………98
　　(E)　登録免許税（収入印紙） ……………………………………………99
　　(F)　当事者目録、請求債権目録および物件目録の写し ………………99
　　(G)　疎明書類の原本および写し …………………………………………99
　　(H)　その他の必要書類 …………………………………………………100
2　保全命令手続 …………………………………………………………101

目　次

- (1) 申立書の受付 ……………………………………………………………… 101
- (2) 申立書の審査 ……………………………………………………………… 101
  - (A) 審査の方法 …………………………………………………………… 101
  - (B) 必要的記載事項の審査 ……………………………………………… 101
  - (C) 申立ての要件の審査 ………………………………………………… 101
- (3) 担　保 ……………………………………………………………………… 102
  - (A) 担保の性質 …………………………………………………………… 102
  - (B) 担保を命じる方法 …………………………………………………… 102
  - (C) 担保提供の方法 ……………………………………………………… 103
  - (D) 担保額の算定 ………………………………………………………… 104
  - (E) 担保提供の期間 ……………………………………………………… 104
  - (F) 当事者複数の場合の担保の定め方 ………………………………… 105
  - (G) 供託書の記載内容に誤記がある場合 ……………………………… 105
- (4) 仮差押決定の作成 ………………………………………………………… 105
  - (A) 決定の記載事項 ……………………………………………………… 105
    - (参考30)　不動産仮差押決定例 ………………………………… 106
    - (参考31)　不動産仮差押決定例──債務者が複数の場合 …… 106
  - (B) 仮差押解放金 ………………………………………………………… 107
    - 【書式13】　仮差押解放金の供託による不動産仮差押執行取消申立書 ……………………………………………………… 108
    - (参考32)　不動産仮差押執行取消決定 ………………………… 109
    - (参考33)　登記嘱託書兼登記原因証明書──執行の取消しに伴う嘱託 ………………………………………………… 109
- (5) 仮差押決定の送達 ………………………………………………………… 110
  - (A) 債務者への送達 ……………………………………………………… 110
  - (B) 債権者への送達 ……………………………………………………… 110
- 3　保全執行手続 ………………………………………………………………… 111
  - (1) 執行手続の概要 …………………………………………………………… 111

　　　　（参考34）　登記嘱託書兼登記原因証明書……………………………111
　(2)　効力発生の時期………………………………………………………112
　(3)　仮差押えの登記………………………………………………………112
4　保全命令申立ての取下げ…………………………………………………112
　(1)　取下げの方式…………………………………………………………112
　　　　【書式14】　保全命令申立ての取下書——不動産………………113
　(2)　取下げの時期…………………………………………………………114
　(3)　債務者の同意の要否…………………………………………………114
　(4)　取下げの効果…………………………………………………………114
　　　　（参考35）　登記嘱託書兼登記原因証明書——申立ての取下げに
　　　　　　　　　　伴う嘱託……………………………………………114
　(5)　相手方に対する取下げの通知………………………………………115

第4章　仮処分

1　占有移転禁止仮処分命令申立て…………………………………………118
　(1)　占有移転禁止仮処分——動産………………………………………118
　　(A)　概　要……………………………………………………………118
　　(B)　申立書の冒頭部分………………………………………………119
　　(C)　申立ての趣旨……………………………………………………119
　　　　（参考36）　申立ての趣旨の記載例——占有移転禁止仮処分……119
　　(D)　申立ての理由……………………………………………………120
　　(E)　保全執行手続……………………………………………………121
　(2)　占有移転禁止仮処分——不動産……………………………………121
　　(A)　概　要……………………………………………………………121
　　(B)　申立書の冒頭部分………………………………………………121
　　(C)　申立ての趣旨……………………………………………………121
　　　　（参考37）　物件目録の記載例——占有移転禁止仮処分…………122

9

(D)　申立ての理由……………………………………………………122
　(E)　保全執行手続………………………………………………………123
2　物の引渡断行の仮処分命令申立て………………………………123
　(1)　概　要………………………………………………………………123
　(2)　自動車の引渡しを前提とする引渡断行の仮処分と占有移転
　　禁止仮処分の違い…………………………………………………123
　(3)　申立ての趣旨………………………………………………………124
　　　(参考38)　申立ての趣旨の記載例──物の引渡断行の仮処分………124
　(4)　申立ての理由………………………………………………………124
　(5)　保全執行手続………………………………………………………125

第5章　担保取消し

1　担保の返還………………………………………………………………130
2　担保取消しが認められる場合…………………………………………130
　(1)　担保事由の消滅（民訴法79条1項）……………………………130
　(2)　担保権利者（債務者）の同意（民訴法79条2項）……………130
　(3)　権利行使催告（担保権利者の同意擬制。民訴法79条3項）………130
3　担保取消しの手続………………………………………………………131
　(1)　管轄裁判所…………………………………………………………131
　(2)　申立ての方式………………………………………………………131
　　　【書式15】　担保取消申立書……………………………………………131
　　　【書式16】　受領書──担保取消決定正本等…………………………132
　(3)　申立人………………………………………………………………133
　(4)　被申立人……………………………………………………………133
　(5)　担保取消しの事由と添付資料……………………………………133
　　(A)　担保事由の消滅（民訴法79条1項）…………………………133
　　(B)　担保権利者（債務者）の同意（民訴法79条2項）……………136

|　　　【書式17】　同意書……………………………………………………137
|　　　【書式18】　即時抗告権放棄書………………………………………138
|　　　（参考39）　和解条項の記載例………………………………………139
|　　(C)　権利行使催告（担保権利者の同意擬制。民訴法79条3項）……140
(6)　裁判所の審査…………………………………………………………142
|　　　（参考40）　権利行使催告書…………………………………………143
|　　　（参考41）　権利行使催告書の説明書………………………………143
|　　　（参考42）　担保取消決定……………………………………………144
|　　　（参考43）　担保取消決定──担保権利者の同意がある場合………145
|　　　（参考44）　担保取消決定の説明書…………………………………145
(7)　申立ての却下…………………………………………………………146
(8)　担保取消決定等の告知および不服申立て…………………………147
|　　(A)　申立人に対する告知…………………………………………………147
|　　(B)　被申立人に対する告知………………………………………………147
(9)　担保取消決定確定後の手続…………………………………………147
|　　　【書式19】　供託原因消滅証明申請書………………………………148

4　担保取戻し………………………………………………………………148
(1)　要　　件………………………………………………………………149
|　　(A)　債権の仮差押えの場合………………………………………………149
|　　(B)　不動産の仮差押えの場合……………………………………………149
(2)　申立権者………………………………………………………………149
(3)　申立ての方式…………………………………………………………149
(4)　管轄裁判所……………………………………………………………149
(5)　許可の手続……………………………………………………………149
|　　　【書式20】　担保取戻許可申立書……………………………………149

目　次

第6章　保全命令に対する不服申立て

1　概　要··152
　(1)　不服申立ての方法···152
　(2)　保全異議と保全取消しの差異··152
2　保全異議···152
　(1)　申立権者··152
　(2)　管轄裁判所···152
　(3)　申立ての時期··152
　(4)　申立ての方式··153
　　　　【書式21】　保全異議申立書··153
　(5)　申立書の記載事項（規則24条）···154
　　(A)　保全命令事件の表示···154
　　(B)　債務者の氏名（または名称）および住所、並びに代理人の
　　　　氏名および住所、債権者の氏名（または名称）および住所··········155
　　(C)　申立ての趣旨···155
　　(D)　申立ての理由···155
　　(E)　その他···155
　(6)　申立て··155
　(7)　保全異議申立ての取下げ···155
　(8)　保全異議申立ての効果··156
　(9)　審　理··156
　　(A)　概　要···156
　　(B)　審理の内容··156
　　(C)　審理の進行··157
　　(D)　審理の終結··157
　　　　（参考45）　審尋期日の通知書···157

- (10) 裁　判………………………………………………………………………158
  - (A) 認可の決定………………………………………………………158
    - (参考46)　認可決定の主文例……………………………………159
  - (B) 取消しの決定……………………………………………………159
    - (参考47)　取消決定の主文例……………………………………159
  - (C) 変更の決定………………………………………………………159
    - (参考48)　変更決定の主文例……………………………………160
- 3　保全取消し……………………………………………………………………160
  - (1) 本案訴訟の不提起による保全取消し（法37条）………………………160
    - (A) 起訴命令…………………………………………………………161
      - 【書式22】　起訴命令の申立書……………………………………161
      - (参考49)　起訴命令…………………………………………………162
    - (B) 本案の訴えの提起として扱われるもの………………………163
      - 【書式23】　上申書………………………………………………163
    - (C) 保全命令の取消し………………………………………………164
      - 【書式24】　本案訴訟の不提起等による保全取消申立書………164
      - (参考50)　保全取消決定……………………………………………165
  - (2) 事情変更による保全取消し（法38条）…………………………………166
    - (A) 申立て……………………………………………………………166
    - (B) 取消しの事由……………………………………………………167
    - (C) 審　理……………………………………………………………167
    - (D) 判　断……………………………………………………………167
  - (3) 特別事情による保全取消し（法39条1項）……………………………168
    - (A) 申立て……………………………………………………………168
    - (B) 審　理……………………………………………………………168
    - (C) 判　断……………………………………………………………168
      - (参考51)　決定の主文例……………………………………………168
- 著者紹介………………………………………………………………………………169

《実務ノート》目次

- ○個別申立ての原則……………………………………………………12
- ○被保全権利と請求債権目録の記載事項……………………………16
- ○被保全権利の留意点…………………………………………………17
- ○保全の必要性に関する個別の留意事項……………………………18
- ○疎明資料の留意点……………………………………………………40
- ○仮差押命令申立事件における申立手数料…………………………41
- ○債権仮差押命令申立書等のチェックリスト………………………52
- ○債務者の破産・民事再生……………………………………………53
- ○供託の際の留意点……………………………………………………60
- ○債務者の表示…………………………………………………………91
- ○仮差押えの対象とする不動産が請求債権額を上回る場合…………96
- ○主債務者と連帯保証人を債務者とする不動産仮差押えの申立ての留意事項……………………………………………………………97
- ○不動産仮差押命令申立書等のチェックリスト……………………100
- ○「担保事由の消滅」についての若干の留意点……………………135
- ○債務者の破産と担保取消し…………………………………………141

凡　例

1　本書で引用した法令の略記は、次のとおりである。
　　・法………………民事保全法
　　・規則……………民事保全規則
　　・民訴法…………民事訴訟法
　　・民訴規則………民事訴訟規則
2　判　例
　　判例については、一般の例により略記した。
3　文　献
　　次の文献についてのみ略記した。
　　・講義案……裁判所職員総合研修所監修『民事保全実務講義案〔改訂版〕』
　　・民事保全の実務……東京地裁保全研究会編『書式民事保全の実務〔全訂五版〕』

第1章

手続の概要

第1章　手続の概要

1　はじめに

　たとえば、金銭債権（貸金債権や売買代金債権、債務不履行または不法行為による損害賠償債権等）を有している者が、それを回収しようとする場合、給付判決を得て強制執行するのが、原則である。しかし、判決を得るまでには時間を要することも多く、その間に債務者が執行の対象となるような財産を処分してしまうと、せっかく判決を得ても、その後の強制執行が困難となってしまうことが考えられる。そこで、金銭債権について、将来の強制執行を保全するために債務者の責任財産（不動産や債権等）を処分できないように仮に差し押さえておくことが考えられる（**仮差押え**。仮差押えは、金銭の支払いを目的とする債権について、強制執行をすることができなくなるおそれがあるとき、または、強制執行をするのに著しい困難を生ずるおそれがあるときに認められる。法20条1項）。このように、権利または権利関係の確定のための民事訴訟手続（**本案訴訟**）を予定し、その確定に先立って必要な**暫定的な措置**を行う手続が**民事保全手続**である。

2　手続の特色

　このように、**民事保全手続**は、取りあえずのものであって、債権者に最終的な満足を与えるものではなく（**暫定性**。このため、**保全命令**は**疎明**による一応の認定によりされることになる）、**本案訴訟**による権利確定を予定していることから、本案訴訟手続に**付随**することになり（**付随性**。このため、民事保全手続の管轄裁判所は本案の管轄裁判所とされている）、本案判決を得るまでの財産処分といった危険を回避するためのものであるということから**迅速な処理**も必要となり（**迅速性**。このため、民事保全手続は、原則として債務者審尋を行わないし、立証も**疎明**による一応の認定によることになる）、また、民事保全命令の申立てが債務者に知られた場合、財産処分の危険性が高まることから、保全執行が終わるまでは、保全手続について**秘密**が**保持**される必要性がある（**密行性**。このため、原則として債務者審尋も行わず、債務者に対する決定正本の

送達も、執行終了後にされるのが通常である）といった特色を有している。

また、**民事保全手続**は、**保全命令**と**保全執行**の2つの手続からなっており、保全命令の申立てについて、裁判所が審理・判断する、いわば、民事訴訟における判決手続に対応する保全命令手続と、保全命令という裁判の内容を具体的に実現する、いわば、民事訴訟における強制執行手続に対応する保全執行手続とに分けられる。したがって、保全命令の申立てを行い、保全命令が発令されても、その具体的な実現のためには、保全執行の申立てをするのが原則であるが、債権の仮差押えのように、保全命令の発令裁判所が保全執行裁判所になる場合には、保全命令に引き続いて、当然に執行手続が開始されるから、原則として、別に保全執行の申立てをする必要はないことになる（規則31条ただし書）。

3　民事保全の種類

民事保全には、前記した**仮差押え**のほか、**仮処分**があり、**仮処分**には、特定物に対する将来の強制執行を保全するための**係争物に関する仮処分**（たとえば、何らの権原なく建物を不法占有している者や賃貸借契約終了後も建物を明け渡さない者に対し、建物の返還を求める前提として建物の占有を他に移転することの禁止を求めることが考えられる。建物の**占有移転禁止**の**仮処分**、法23条1項）と、本案訴訟による解決が図られるまでの間、一定の権利関係を暫定的に形成することを目的とする**仮の地位を定める仮処分**（たとえば、交通事故の被害者がけがのため仕事ができず生活に困っているような場合に、加害者に対し、損害賠償金の一部を**仮**に支払うよう求めることが考えられる。**金員仮払いの仮処分**、同条2項）がある。

4　基本的な流れ

以下では、保全命令手続について、その基本的な流れを示した後、簡易裁判所において、比較的申立例が多いと思われる**債権の仮差押え**と**不動産の仮差押え**について、それぞれ手続の流れに沿って（保全執行手続を含めて）概

観し、その後、担保取消しと不服申立てのポイントについて簡単に触れることとする。

〈図〉 手続の基本的流れ

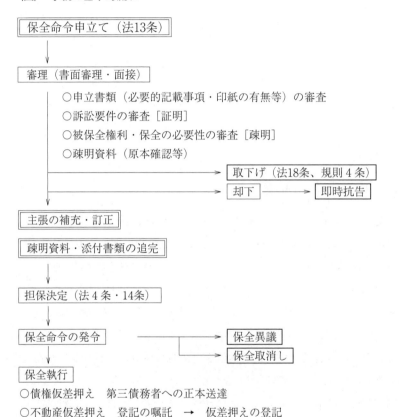

第2章

債権仮差押え

第2章で扱う手続の流れ

```
管轄の確認
　│
申立書の提出
　│
　┌─────────────────────────────┐
　│ 1　申立書の作成                │
　│　(1)　申立書の本体部分          │
　│　　①　事件の表示              │
　│　　②　申立年月日              │
　│　　③　裁判所の表示            │
　│　　④　申立人または代理人の記名押印 │
　│　　⑤　当事者の表示──別紙目録として │
　│　　　　引用                    │
　│　　⑥　請求債権の表示──別紙目録とし │
　│　　　　て引用                  │
　│　　⑦　申立ての趣旨            │
　│　　⑧　申立ての理由──ⓐ　被保全権利 │
　│　　　　　　　　　　　ⓑ　保全の必要 │
　│　　　　　　　　　　　　　性     │
　│　(2)　当事者目録                │
　│　　①　債権者および債務者の表示 │
　│　　②　第三債務者の表示        │
　│　(3)　請求債権目録              │
　│　　①　請求債権の特定          │
　│　　②　利息・遅延損害金の計算方法 │
　│　(4)　仮差押債権目録            │
　│　　①　仮差押えの対象となる債権の特定 │
　│　　②　差押禁止債権に注意      │
　│　　③　超過差押えに注意        │
　│　　④　将来債権の仮差押期間    │
　│　(5)　疎明方法の提示            │
　│ ------------------------------ │
　│ 2　必要書類等                  │
　│　　①　資格証明書              │
　│　　②　申立手数料（収入印紙）   │
　└─────────────────────────────┘
```

債権者
　被保全権利・保全の必要性を検討し、保全命令の申立てをするか否かを検討する。
　↓
　申立書を作成する。
※　必要書類・疎明書類等を準備する。

③　郵便切手 ④　当事者目録・請求債権目録・仮差押債権目録の写し（原則──各4部） ⑤　疎明書類	
第三債務者に対する陳述の催告の申立て	［債権者］
1　申立ては必要的なものではない。 2　申立手数料不要 3　郵便切手が必要 4　陳述の催告書と陳述書用紙は、裁判所書記官が、仮差押決定正本に同封して行う。 ↓	第三債務者に対する陳述の催告の申立てをするか否かを検討する。 ※　申立ては、仮差押命令の申立てと同時か、遅くとも供託書正本を裁判所に提出するときまでである。 ※　郵便切手を準備する。
申立書の受付	［債権者］
○　事件簿に登載 　○　記録符号は「ト」である。 　○　必要に応じて任意の補正の促し	申立書を裁判所に提出する。 ※　管轄に注意する。
申立書の審査	
○　書面による審理が中心 　　①　必要的記載事項の審査 　　②　申立ての要件の審査 　　　ⓐ　形式的要件──訴訟要件 　　　ⓑ　実体的要件──被保全権利および保全の必要性	※　必要に応じて、任意補正・疎明書類の追完をする。
担保	［債権者］
○　担保決定 　　※　担保額と提供期間が定められる。	担保決定に応じて供託等を行う。 　↓ 　担保提供期間内に供託書

正本等を裁判所に提出する。

仮差押決定
○ 仮差押解放金が定められる。
↓
○ 仮差押決定の送達
　ⓐ 債務者への送達──第三債務者への送達完了後
　ⓑ 債権者への送達──請書（受領書）と引替えに交付
○ 保全執行──第三債務者への送達
　　　　　　陳述催告書等を同封する。

第三債務者
1　陳述書の提出期限
　(1)　仮差押決定正本の送達を受けた日から2週間以内
　(2)　書面（同封の陳述書を利用）をもって陳述
2　送付先→裁判所・債権者

第三債務者
　提出期限内に陳述書を作成して、提出する。
※　提出後、訂正すべき事項が判明した場合には、速やかに訂正する。

1 申立て

(1) 管　轄

(A) 簡易裁判所に管轄が認められる場合

簡易裁判所に**管轄**が認められるのは、当該簡易裁判所が**本案訴訟**（保全される債権の存否を確定する判決手続）の**管轄裁判所**となる場合である（法12条1項）。

具体的には、申立て時に、①本案訴訟が係属していない場合には、将来本案訴訟の管轄裁判所となるべき簡易裁判所が、②保全命令の申立て時に本案訴訟がすでに簡易裁判所に係属している場合には、当該簡易裁判所が（なお、支払督促の申立てについては、本案訴訟にはあたらないと考えられている）、③申立て時には、本案訴訟が他の簡易裁判所に移送されているときは、移送を受けた簡易裁判所が、④本案がすでに終了しているときは、かつて係属していた簡易裁判所が、それぞれ申立てについての管轄裁判所となる。

また、本案訴訟について**管轄の合意**がある場合には、それに基づく保全命令申立ては認められるが、保全命令申立てについての管轄の合意は認められない。

なお、**管轄の有無**については、疎明ではなく**証明**を要する事項である。

(B) 管轄が認められない場合

管轄のない裁判所に保全命令の申立てがされた場合は、管轄違いとして管轄裁判所に**移送**されることになる（法7条、民訴法16条1項）。もっとも、移送決定（正本）は、債務者にも送達されることになるから、民事保全の密行性等を害することが考えられる。そのため、このような申立てを受けた裁判所は、債権者に対し、いったん申立てを取り下げ、あらためて管轄裁判所に申立てをするよう促すことになろう。

(2) 申立書の記載事項

(A) 申立書の構成等

保全命令の申立ては、書面によることが必要である（規則1条1号、【書式1】を参照）。簡易裁判所であっても、民訴法271条の準用はなく、口頭によ

る申立ては認められない。**申立書**は、①**申立書の本体部分**（【書式1】の1枚目）、②**当事者目録**、③**請求債権目録**、④**仮差押債権目録**から構成されるのが一般的である。

【書式1】 債権仮差押命令申立書

債権仮差押命令申立書

平成○年○月○日

収入印紙
2000円

○○簡易裁判所　御中

　　　　　　　　　　　　　債権者　琵琶湖鱒郎　㊞
　　　　　　　　　　　　　　　　　電　話　000－000－0000
　　　　　　　　　　　　　　　　　ＦＡＸ　000－000－0000

　当事者の表示　別紙当事者目録記載のとおり
　請求債権の表示　別紙請求債権目録記載のとおり

申立ての趣旨

　債権者の債務者に対する上記請求債権の執行を保全するため，債務者の第三債務者に対する別紙仮差押債権目録記載の債権は，仮に差し押さえる。
　第三債務者は，債務者に対し，仮差押えに係る債務の支払をしてはならない。
との裁判を求める。

申立ての理由

1　被保全権利
　(1)　債権者は，債務者に対し，平成○年○月○日，○○（○○社製，1台）を代金100万円で売った（甲1，2）。
　(2)　債務者は，当初，直ちに支払をするということであったが，このうち平成○年○月○日に10万円，平成○年○月○日に15万円，平成○年○月○日に25万円の，合計50万円を支払っただけで，その余の支払をしない（甲4）。
　(3)　よって，債権者は，債務者に対し，50万円の売買代金債権を有している。
2　保全の必要性
　(1)　債権者は，債務者に対し，何度となく支払を求めてきたが，債務者は，支払義務があることは認めるものの，具体的な支払時期や方法等について

は，要領を得ない回答に終始しているだけで，今日まで誠意ある対応をしていない（甲３，４）。
(2) 債務者は，住所地において，個人で○○業を営んでいるものであるが，債権者以外にも多くの債務を負担している様子であり，また，債務者が居住する土地建物は，債務者とは別人が所有しており，債務者には，第三債務者に対する請負代金債権しか見るべき資産がない。しかし，これもいつ他に譲渡するかもしれない状況にある（甲４ないし６）。
(3) 債権者は，債務者に対し，売買代金債権の支払を求める訴えを提起するため，準備をしているところであるが，債権者が後日本案訴訟において勝訴判決を得ても，その執行は不能あるいは著しく困難となるので，執行保全のため，本申立てに及ぶものである。

疎 明 方 法

甲１　売掛金台帳
甲２　請求書控え
甲３　催告書控え
甲４　報告書
甲５　不動産登記事項証明書（建物）
甲６　不動産登記事項証明書（土地）

添 付 書 類

甲号証　　　各１通
資格証明書　１通

当事者目録

〒000-0000　○○県○○市○○１丁目２番３号（送達場所）
　　　　　　　　　債　権　者　琵 琶 湖 鱒 郎
〒000-0000　○○県○○市○○２丁目３番４号
　　　　　　　　　債　務　者　賤 ヶ 岳 檜 夫
〒000-0000　○○県○○市○○２丁目３番４号

第2章 債権仮差押え

|第 三 債 務 者　　株式会社近江八景
代表者代表取締役　　長　浜　鴨　子|

請求債権目録

金50万円
　ただし，債権者が債務者に対し，平成○年○月○日に売った○○（○○社製，1台）の売買代金債権50万円（売買代金100万円から既払金50万円を差し引いた残金）

仮差押債権目録

金50万円
　ただし，債務者と第三債務者との間の下記工事の請負契約に基づき，債務者が第三債務者に対して有する請負代金債権で，支払期の早いものから頭書金額に満つるまで

記

1　工　事　名　○○○○
2　契　約　日　平成○年○月○日
3　工　　　期　平成○年○月○日から平成○年○月○日まで
4　工事代金　金○○万円

実務ノート──個別申立ての原則

　保全命令の申立ては，迅速処理や密行性の要請等もあることから，**単一の債権者**から**単一の債務者**に対して**個別**に申し立てるのが原則であり，債務者複数の申立てについては，主債務者と連帯保証人のように関連性が高い場合を除いて認められないのが実務の扱いである。また，同一の債権者から同一の債務者に対する申立てであっても，不動産と債権のそれぞれの仮差押えを求める場合

には、各別の申立書とするのが通例である。なお、同じ債権者が同じ債務者に対し、売買代金と貸金のように複数の債権を一括して、仮差押えを申し立てることは認められるが、請求債権目録等において、各債権について個別に特定して記載する必要があることに留意されたい。

(B) **申立書の本体部分**

申立書の本体部分の記載事項は、次のとおりである。なお、記載事項の根拠規定は、規則13条、18条のほか、規則6条により、民訴規則2条等が準用される。

① 事件の表示（民訴規則2条1項2号）

事件の標題として「**債権仮差押命令申立書**」と記載する。

② 申立年月日（民訴規則2条1項4号）

簡易裁判所の窓口で提出する場合には提出日を、郵便による場合には、発送日を記載する。

また、ここで記載する日が、遅延損害金等の計算の終期としての意味をもつことになる（後記、請求債権目録の説明を参照されたい）。

③ 裁判所の表示（民訴規則2条1項5号）

申立てをする簡易裁判所を「〇〇簡易裁判所　御中」などと記載する。

④ 申立人または代理人の記名押印（民訴規則2条本文）

押印は、認印で足りる。なお、書面審理を中心とする保全命令手続においては、本人確認を容易にする意味でも、ここで使用した印鑑を以後も引き続き使用するのが相当である。

⑤ 債権者または代理人の郵便番号、電話番号、ファクシミリ番号（民訴規則53条4項）

郵便番号は、住所とともに記載することから、当事者目録の方に記載している（【書式1】参照）。なお、電話番号、ファクシミリ番号についても、当事者目録のほうに記載してもよいと思われるが、当事者目録が仮差押決定に利用されることも考慮して、本体部分のほうに記載した。

⑥ 当事者の表示（規則13条1項1号）

仮差押決定に利用されることを考慮して、実務では、別紙として「**当事者目録**」などといった標題を付けて記載している。

⑦ 請求債権の表示

実務上、どのような権利を保全するための申立てであるのかが、申立書の冒頭でわかるように記載されている（講義案7頁参照）。当事者の表示と同様に、仮差押決定に利用されることから、別紙として「**請求債権目録**」などといった標題を付けて記載している。

⑧ 申立ての趣旨（法13条1項、規則13条1項2号、19条）

保全命令の申立てには、**申立ての趣旨**を明らかにしなければならないとされている。**申立ての趣旨**は、**仮差押命令**の主文に相当するものとして、具体的には、**請求する債権**と**仮に差し押さえる物**を特定（法21条、規則19条1項）したうえで、仮に差し押さえる旨を記載することになる。実務上、**請求する債権**は、**請求債権目録**を引用し、**仮に差し押さえる物**は、別紙として「**仮差押債権目録**」という標題を付けて記載したうえで、引用するのが通例である。

また、債権の仮差押えの場合、その執行は第三債務者に弁済禁止命令を発する方法により行うことになるから（法50条1項）、これを求める旨の記載もする。

なお、仮差押命令の主文には、**仮差押解放金**（仮差押えの執行の停止またはすでにされた執行の取消しを得るため、債務者が供託すべき金銭のこと）について定めなければならないとされているが（法22条）、これは、裁判所が職権で定めなければならないものであるから、申立ての趣旨で記載する必要はない。

⑨ 申立ての理由

保全命令の申立てに際しては、前記の申立ての趣旨に加えて、保全すべき権利または権利関係（実務上、「**被保全権利**」と呼ばれている）および**保全の必要性**を明らかにしなければならないとされている（法13条1項）。

この**被保全権利**と**保全の必要性**とをあわせて「**申立ての理由**」と呼ばれる。申立ての趣旨記載の事項を求める原因となるものであり、本案訴訟における請求の原因に対応するものではあるが、記載しなければならない事項は、請求の原因よりも広い範囲である。

ⓐ　被保全権利

　　仮差押えの**被保全権利**は、金銭の支払いを目的とする債権であり、かつ、強制執行ができる債権であることを要するが（法20条１項）、条件付きまたは期限付き債権でもよい（同条２項）。また、将来債権でもよく、同時履行の抗弁権が付着している場合や、対抗要件が備わっていない場合でもよいとされているが（民事保全の実務31頁参照）、条件成就が不確実なものや期限が到来していないものは、保全の必要性の点で問題となることもあり、簡易裁判所に申し立てられる被保全権利は、基本的に、履行期が到来するなどして、直ちに、支払いを求められる債権である。

　　実務上は、貸金債権、売買代金債権、債務不履行または不法行為に基づく損害賠償請求権といった債権が多いとされている（講義案９頁参照）。

　　請求債権が数千円といった少額の場合でも、金額の点だけで被保全権利として否定されるわけではないが、この場合には、保全の必要性が問題になろう。

　　被保全権利の記載にあたっては、他の債権と**識別できる程度**に、これを**特定する事実**を記載する。具体的には、**債権**の**発生時期**（年月日）、貸金債権や売買代金債権といった**債権の種類**、**債権の内容**、**金額**（利息または遅延損害金についても請求するときは、申立ての日までに限定して計算する。これは、解放金の額を確定させる意味合いもある）を特定して記載することになる。たとえば、売買代金債権の場合には、債権者の債務者に対する平成〇年〇月〇日付けの売買というだけでは、不十分であり、売買の目的物と金額も記載する必要がある。

被保全権利が複数ある場合には、それぞれの請求債権を特定して記載する。なお、複数の債権を差し押さえる場合でも、請求債権額を仮差押債権の合計額と一致させる必要はなく、被保全債権額全額を記載すれば足りる。もっとも、仮差押債権の合計額が請求債権額を超えないように留意することは当然である。

また、主債務者と連帯保証人を債務者として仮差押えの申立てをする場合には、各債務者ごとに請求債権を特定しなければならないが、被保全債権額全額が、それぞれの債務者に対する請求債権額として認められるから、目的物の価額に応じて、被保全債権額を債務者ごとに振り分ける必要はない。

以上の点は、請求債権目録のほうも同様である。

これに加えて、被保全権利の記載にあたっては、**請求を理由づける被保全権利の要件事実**を網羅し、また、これを**基礎づける重要な間接事実**、容易に予想される**債務者の抗弁**（弁済、消滅時効等）に対する反論等についても記載することになる。これは、書面審理を中心とする仮差押えの特質に基づくものである。

実務ノート──被保全権利と請求債権目録の記載事項

被保全権利を記載するにあたっては、他の債権と識別できる程度に、これを特定する事実を記載するほか、請求を理由づける事実、これを基礎づける重要な間接事実、容易に予想される債務者の抗弁（弁済、消滅時効等）に対する反論等についても記載することとされており、訴状の請求原因を記載する場合と同様に、要件ごとに文章を区切り、番号を付けて記載するのが一般的である。

一方、請求債権目録のほうは、請求債権を特定する事項について一文で記載するのが通例である。もっとも、実務上は、期限の利益喪失や一部弁済といった事実についても、わかりやすさを重視して盛り込むこともあり、また、訴状の請求原因を記載するのと同様な形で記載する例もみられる。

このような状況を踏まえると、それぞれの記載すべき事項を踏まえたうえで、書きやすい方式で記載すれば足りると思われる。

> **実務ノート――被保全権利の留意点**
>
> **被保全権利**は、**債権者**の**債務者**に対する**債権**であることが、当然の前提である。にもかかわらず、実務上は、たとえば、貸金債権の連帯保証人に対し、貸金債権を被保全権利として記載している例もある。この場合は、「債権者が、○○に対し、平成○年○月○日に貸し付けた○○円について、平成○年○月○日に債務者が連帯保証したことに基づく、債権者が債務者に対して有する上記貸付金の残元金と同額の連帯保証債務履行請求権」である。

ⓑ 保全の必要性

仮差押えをせず、債務者の財産を現状のままにしておいては、後日本案訴訟で勝訴判決を得ても、強制執行をすることができなくなるおそれがあるとき、または強制執行をするのに著しい困難を生じるおそれがあるとき（法20条1項）に**保全の必要性**が認められる。

具体的には、債務者の仮差押債権以外の**資産**や**負債**の**状況**、**職業の有無**（自営の場合には、営業状態）、債権者による**支払いの催告の有無**とこれに対する**債務者**の**応答状況**、その他の事情により、債務者が自身の財産を隠匿、廉売、放棄する等して、債権者が、強制執行により債権の満足が得られない状態に至ることが客観的に予想されるものであることを、具体的な事実をあげて主張しなければならない（単に、仮差押えの対象となる債権以外にみるべき資産はないという主張だけでは足りない）。たとえば、債権者に任意整理の通知がされたことや債務者が財産の一部について処分したといったことは、保全の必要性を推認させる事実であるが（その一方で、任意整理が順調に進んでいるということは保全の必要性を否定する方向に働く事実であるということにも留意が必要である）、単に、債権者への支払いを1回拒否したというだけでは、保全の必要性があるとまではいえず、たとえば、特に説明もないまま、ある程度の期間にわたって支払いを拒絶し続けている場合、他の同様な債権者に対しても、特別な理由もなく、支払いを拒否して

おり、仕事もあまりしているようにはみえない、あるいは、債務者と連絡がとれなくなっている、などといった債務者の責任財産の減少や強制執行に対する事実上の障害が生じるおそれにつながるような事情でなければならない。もっとも、このような事情は、債権者として通常調査できる範囲によって知りうる事情で足りる。

> **実務ノート──保全の必要性に関する個別の留意事項**
>
> Ⅰ 債権仮差押え全般
> **仮差押命令**が**暫定的**かつ**仮定的**なものであることから、仮差押えの対象となる**目的物**については、債務者が被る損害のおそれがより少ないと思われるものを対象とすべきであるいうのが、実務の考え方である。具体的には、給与債権、預金債権といった債権については、不動産の仮差押えに比べて債務者の被る損害が大きいと考えられており、このため、債務者が不動産を所有している場合には、まず、不動産から仮差押えをするのが相当であるとされている。そこで、債権仮差押えを求める場合には、債務者の住所地の土地、建物の不動産登記事項証明書および固定資産評価証明書等を取得し、債務者による当該不動産所有の有無、仮に所有している場合には、抵当権の設定等により、剰余価値のないこと（たとえば、固定資産評価証明書等による不動産の価額を超える担保権等が設定されていることなど）を疎明して、債権仮差押えについて**保全の必要性**があることを**疎明**する必要がある。
>
> Ⅱ 給料債権
> 債権仮差押えにおける一般的な保全の必要性に加えて、実務上、債権者が、強制執行手続による前に、債務者が**勤務先**を**退職するおそれ**のあることについても**疎明**が必要であるというのが、実務の考え方である。
> そこで、当事者間における**交渉の経過**、債務者の**勤務先**の**規模**や**地位**、**勤続年数**、**負債総額**等により、**退職のおそれ**があることを**疎明**することになる。
>
> Ⅲ 連帯保証人だけを債務者とする場合
> 連帯保証人だけを債務者として仮差押えの申立てをする場合には、主たる債務者から弁済を受けるのが本来の形態であること、債権者が主債務者、連帯保証人の両名から二重に弁済を受けられるわけではないことなどから、主債務者に資力がある場合には、あえて連帯保証人の財産について仮差押えをするまでの必要性もないことを踏まえて、実務上、**主債務者**からの**回収**が**困難**であるこ

との**疎明**がある場合でなければ、連帯保証人に対する仮差押えが認められないという扱いがされている。そこで、主債務者の住所地の土地、建物の不動産登記事項証明書等により、債務者による当該**不動産所有**の**有無**、仮に所有している場合には、抵当権の設定等により、**剰余価値のないことを疎明**して、連帯保証人の財産について仮差押えをする**保全の必要性**があることを疎明する必要がある（講義案10頁参照）。

　なお、主債務者からの回収が困難であることが疎明できたとしても、これとは別に、連帯保証人に対する**保全の必要性**の疎明が必要となることにも留意されたい。

Ⅳ　債務名義をすでに取得している場合

　債権者が、債務者に対する**債務名義**（判決等）を有している場合には、直ちに強制執行することが可能であることから、債務名義について強制執行停止決定がされているといった事情でもない限り、原則として、保全の必要性が認められない。

Ⅴ　少額債権を被保全権利とする場合の保全の必要性

　少額債権を**被保全権利**とする仮差押命令の申立ての場合、本案の判決を得てからでも十分に債権の回収が可能であると考えられることが多いため、通常の被保全権利以上に**保全の必要性**が問題となる。前記のような具体的な事情をあげて疎明することになるが、より具体的な疎明が必要になる場合も多い。

　　(C)　当事者目録

　前記のとおり、**仮差押決定**に利用されることから、別紙として記載されている。

　　(a)　**債権者および債務者の表示**

　当事者目録には、**当事者**（申立人を債権者、相手方を債務者として記載する）の**氏名**または**名称**および**住所**、並びに**代理人**（法定代理人、法人の代表者を含む）の**氏名**および**住所**を記載する（規則13条1項1号）。債権の仮差押えにおいては、これに加えて、**第三債務者**の**氏名**または**名称**および**住所**（並びに法定代理人の氏名および住所）を記載する（規則18条1項）。

　個人の場合には、住民票上の住所と氏名を、法人であれば、登記事項証明書の本店の所在地、商号、代表者名を記載する。住所等の変更があった場合

には、現在の住所等を記載するが、被保全権利発生以後（請求債権目録記載の債権発生以後）、婚姻等により氏が変わった場合、法人名が変更になった場合などは、変更前の表示も併記する。

債権者については、住所の記載とともに送達を受けるべき場所を「（送達場所）」と表記する（民訴規則41条1項・2項、【書式1】を参照）。

(b) **代理人の表示**

債権者が**代理人**によって申立てをする場合には、その代理人を表示しなければならない。代理人には、**法定代理人**および**訴訟代理人**の双方を含む。訴訟代理人による申立ては、民訴法54条1項本文による場合もしくは認定を受けた司法書士の場合に認められる（なお、司法書士が代理人の場合には、請求の価額が140万円を超えていないか、申立てに際して留意が必要である。司法書士法3条1項6号ハ参照。また、認定司法書士の保全命令申立てについては、代理権を有することを明らかにするため、申立書に、本案の訴訟の目的の価額を記載するのが相当である。記載する場所は、適宜の場所でよいと思われるが、「申立ての趣旨」の直前に「本案訴訟の目的の価額」という標題を付して記載するのがわかりやすいと思われる）。

（参考1）　代理人による申立ての場合の記載例

```
〒000－0000　○○県○○市○○1丁目2番3号
                債　権　者　　琵琶湖　鱒郎
（送達場所）
〒000－0000　○○県○○市○○2丁目3番4号
                ○○事務所
                債権者代理人司法書士　　余呉湖　子鮎
```

（注）　債権者代理人の電話番号とファクシミリ番号については、申立書の本体部分に記載されていることを前提とした記載例である。

このほかにも、裁判所の許可を受けて、代理人となることもできるが（民訴法54条1項ただし書）、簡易裁判所における保全命令の審理が書面中心であ

ることから、代理人を選任する実益に乏しいこともあり、実務上、許可代理人申請がされる例はあまりないと思われる。なお、裁判所の許可が受けられることを前提として、代理人名による申立てをすることは相当ではないと考えられよう。

また、債務者が、未成年者の場合には、その法定代理人（親権者）の表示をする必要がある。

(c) **第三債務者の表示**

前記のとおり、債権仮差押えの申立書には、**第三債務者**を表示する。第三債務者とは、仮差押えの対象となる債権の債務者のことであり、債務者に対し債務を負担している者である。第三債務者は、保全命令手続における当事者ではないが、債権の仮差押決定が第三債務者に送達されたときに、その効力が生じることもあり（法50条5項、民事執行法145条4項）、その表示は正確にする必要がある。

銀行預金の仮差押えのように、当該支店に送達することを希望する場合には、「（送達先）」という標題を付けて、当該所在地を記載する。

（参考2）　法人の支店等への送達を希望する場合の記載例

```
〒000-0000　〇〇県〇〇市〇〇1丁目2番3号
　　　　　　　　　第 三 債 務 者　　株式会社賤ヶ岳銀行
　　　　　　　　　代表者代表取締役　　琵 琶 湖　　鱒　　郎
（送達先）
〒000-0000　〇〇県〇〇市〇〇2丁目3番4号
　　　　　　　　　株式会社賤ヶ岳銀行小谷城支店
```

(注)　① 　ここで記載する支店の住所は、民訴法上の送達場所の届出にあたるものではないことから、送達先と記載するのが理論的ではあるが、実務上は、送達場所として記載されている例も多い。
　　　② 　第三債務者の送達先を記載するのは、第三債務者が速やかに仮差押債権を確認し、必要な措置をとることができるようにするためである。

```
〒000-0000　東京都千代田区○○○○
　　　　　　　　　　第三債務者　株式会社ゆうちょ銀行
　　　　　　　　　　代表者代表執行役　　○○○○
（送達先）
〒000-0000　○○県○○市○○町○番○号
　　　　　　　　　　株式会社ゆうちょ銀行　○○貯金事務センター
```

（注）　ゆうちょ銀行の場合の記載例である。

```
〒000-0000　東京都港区虎ノ門○○○○
　　　　　　　　　　虎ノ門○○ビル○階
　　　　　　　　　　第三債務者　独立行政法人郵便貯金・簡易生命
　　　　　　　　　　　　　　　　保険管理機構
　　　　　　　　　　代表者理事長　　○○○○
```

（注）　独立行政法人郵便貯金・簡易生命保険管理機構の場合の記載例である。

(D)　**請求債権目録**

(a)　**請求債権の特定**

　請求債権の記載事項は、**他の債権**と**識別**できる程度に記載するということで、**被保全権利**の**特定要素**と基本的に同じである。ここでの請求債権の記載内容は、本案訴訟における訴訟物との同一性との関係で問題となり、後に本執行移行の可否や担保取消しといった場面でもかかわってくるので、正確に記載することが必要である。

　実務では、請求債権目録の冒頭に「金○○円」と記載したうえで、ただし書で請求債権を特定する事項を記載するのが通例である（（参考3）ないし（参考7）の記載例を参照されたい）。

(b)　**利息・遅延損害金の計算方法**

　利息・遅延損害金は、申立日までの金額を計算して、（判決と異なり支払済みまでとすることなく）確定した金額で請求するのが実務の取扱いである。

貸金債権における利息の起算日は、貸付日であり（最判昭和33・6・6民集12巻9号1373頁参照）、終期は弁済期限の日（または期限の利益喪失日）である。遅延損害金は、弁済期限（または期限の利益喪失日）の翌日から起算し、前記のとおり、申立日を終期として計算する。円未満の端数が出る場合には、切り捨てる。

なお、保全命令手続の迅速性や暫定性を重視して、元金部分だけを対象として申し立てる例も多いと思われる。

(c) 当事者の承継がある場合

債権者または債務者が、相続や債権譲渡等により、債権債務関係を承継している場合には、その承継の事実を請求債権目録のほうにも記載する。

（参考３）　請求債権目録──売買代金債権の記載例

> 金○○円
> ただし、債権者が債務者に対して平成○年○月○日付け売買契約に基づき売り渡した自動車（登録番号○○，種別○○，車名○○，型式○○，車台番号○○，原動機の型式○○）の売買代金債権

(注)　① 自動車は、自動車登録事項等証明書の記載事項を基に特定する。
　　　② 不動産のように特定すべき事項が多い場合には、「……売り渡した下記不動産……」などとして、次のように別記してもよいし、別に物件目録を作成して、別紙として添付引用してもよい。

> 記
> 1　○○市○○１丁目２番３
> 　　宅地　　○○平方メートル
> 2　同所同番地４
> 　　家屋番号　56番
> 　　木造瓦葺２階建　居宅
> 　　床面積　　　１階　○○．○○平方メートル
> 　　　　　　　　２階　○○．○○平方メートル

(参考4) 請求債権目録——貸金返還請求権の記載例

(a)

> 金〇〇円
>
> ただし，債権者が債務者に対して平成〇年〇月〇日に貸し付けた〇〇円の貸金返還請求権

（注） 貸金のうち，元金部分についての返還請求権を請求債権として，仮差押えを求める場合である。仮に，利息および遅延損害金について約定がある場合でも，保全の必要性や迅速性等も考慮して，元金部分だけを請求の対象とする場合も多いと思われる。

(b)

> 金〇〇円
>
> ただし，債権者が債務者に対して平成〇年〇月〇日に貸し付けた下記貸金返還請求権等の合計金
>
> 　　　　　　　　　　　　　記
> 1　金〇〇円
> 　　貸金〇〇円の残元金
> 2　金〇〇円
> 　　上記1に対する平成〇年〇月〇日から平成〇年〇月〇日まで年〇パーセントの割合による未払利息金
> 3　金〇〇円
> 　　上記1に対する平成〇年〇月〇日から平成〇年〇月〇日まで年〇パーセントの割合による確定遅延損害金

（注） 元金部分に加えて，利息および遅延損害金についても請求債権とする場合には，申立日までの確定金額とするのが実務の扱いである。

(参考5) 請求債権目録——請負代金請求権の記載例

> 金〇〇円
>
> ただし，債権者が債務者に対して有する下記工事請負契約に基づく請負代金請求権

記

1　契　約　日　　平成〇年〇月〇日
2　工　　　期　　平成〇年〇月〇日から平成〇年〇月〇日まで
3　工事場所　　〇〇市〇〇1丁目2番3号
4　工事内容　　鉄骨造〇階建建物の建築工事
5　工事代金　　金〇〇円

（注）　請負契約の内容を，契約日，工事場所，工事内容，工事代金等を具体的に記載して特定する。

（参考6）　請求債権目録──連帯保証債務履行請求権の記載例

金〇〇円
　ただし，債権者が〇〇に対して，平成〇年〇月〇日に貸し付けた金〇〇円につき，同日に債務者が連帯保証したことに基づく，債権者が債務者に対して有する下記1ないし3の合計額と同額の連帯保証債務履行請求権

記

1　金〇〇円
　　ただし，上記貸付金の残元金
2　金〇〇円
　　ただし，上記1の残元金に対する平成〇年〇月〇日から平成〇年〇月〇日まで年〇パーセントの割合による未払利息金
3　金〇〇円
　　ただし，上記1の残元金に対する平成〇年〇月〇日から平成〇年〇月〇日まで年〇パーセントの割合による確定遅延損害金

（注）　貸金の連帯保証人に対する請求例である。主債務者に対する請求債権を特定したうえで，これを引用する形で連帯保証人に対する請求を特定することになる。

（参考7）　請求債権目録──主債務者（貸金返還請求権）と連帯保証人（連帯保証債務履行請求権）に対して請求する場合の記載例

金〇〇円（債務者甲に対する分）

> ただし，債権者が債務者甲に対して平成○年○月○日に貸し付けた金○○円の残元金○○円
>
> 金○○円（債務者乙に対する分）
> ただし，上記貸金債務について債務者乙が同日に連帯保証したことに基づき，債権者が債務者乙に対して有する連帯保証債務履行請求権

（注）　貸金の主債務者と連帯保証人両名に対する請求例である。債務者ごとに別紙として記載してもよい。この場合には，「請求債権目録（債務者甲分）」などとして、標題から、どちらに対する請求分であるかが判明したほうがよいであろう。

(E)　仮差押債権目録

(a)　仮差押えの対象となる債権の特定

仮差押債権は、その発生原因事実の全部を記載するまでの必要はないが、**第三債務者**が**認識**、**識別**することができる程度に**特定**して記載しなければならない（規則19条1項）。通常は、**債権者**（仮差押債務者）、**債務者**（第三債務者）、**債権の種類**、**発生原因**、**給付の内容**、**額**等の記載によって**特定**することになる（同条2項1号）。特に、仮差押えの**金額**については、具体的に示す必要があることは、当然であり、実務では、仮差押債権目録の冒頭で「金○○円」と記載したうえで、ただし書で仮差押債権を特定する事項を記載するのが通例である（（参考8）ないし（参考13）の記載例を参照されたい）。

なお、被保全権利と異なって、仮差押債権が存在することの疎明までは要件となっていないので（仮差押命令の発令手続では、仮差押えの目的となる債権が、実際に存在するかどうかは審理せず、被保全権利と保全の必要性が疎明されれば、仮差押命令を発することになる）、第三債務者において債権を特定するのに差し支えない範囲内であれば、ある程度まで概括的な記載をすることも許される。

(b)　仮差押えの対象

法律で**差押え**が**禁止**されている**財産**（法50条5項で準用する民事執行法152条、その他の特別法により差押えが禁止されている債権）以外の債務者が有する

債権はすべて仮差押えの対象となる。たとえば、**貸金債権、売掛代金債権、預金債権、賃料、給料、請負代金**などの債権が対象となる。

　また、**仮差押えの対象**となる**債権**は、原則として、**仮差押えの執行の時に存在**する**債権**でなければならないが、**給料**その他の**継続的給付債権**（賃料等）は債権が発生する蓋然性が極めて高いことから、仮差押えの対象とすることが認められている（法50条5項で準用する民事執行法151条）。もっとも、給料や退職金については、仮差押えが禁止されている範囲があることにも留意されたい（法50条5項で準用する民事執行法152条）。

　さらに、このような給料その他の継続的給付債権以外でも、仮差押えの時点で未発生ではあるが、継続的取引による売掛代金債権のように、将来発生することが予想される債権（実務上、これらを総称して**将来債権**と呼ばれている）についても、その**発生の基礎**となる**法律関係**がすでに存在し、**近い将来の債権発生**が見込まれる債権については、仮差押えの対象とすることが認められている。なお、同じ将来債権でも、給料その他の継続的給付債権については、法律の規定によって仮差押えの対象としての適格性が認められているから、直ちに保全の必要性につき検討されることになるが、後者の将来債権については、まず、**将来債権**としての**適格性**の**審査**が行われ、これが認められたときに、**保全の必要性**についての検討がされることになる。

(c)　**差押禁止債権**

　前記のとおり、仮差押えの対象となる債権は、**差押禁止債権**でないことが必要である。民事執行法による差押禁止債権のほか、社会保障関係の法律は、社会的弱者のための制度であるから、そのほとんどが差押えを禁止している。

(d)　**超過差押えの禁止**

　被保全債権の額を超える債権についての仮差押えは許されない。仮差押えが被保全権利の保全を目的とするものだからである。そのため、1つの申立てで、売買代金債権と預金債権のように複数の債権を同時に差し押さえる場合には、被保全債権の額をそれぞれの債権に振り分けることになる。主債務者と連帯保証人を債務者として仮差押えの申立てをする場合にも、同様にし

て、被保全債権の額を主債務者と連帯保証人に振り分けることになる。

(e) **将来債権における仮差押期間**

　将来債権は、長期の仮差押えを認めると、債務者や第三債務者の負担が大きくなることのほか、債務名義（判決等）を得るときまでに支払期が到来して弁済されてしまうことを防止すれば足りることなどを理由として、**一定期間**に限って仮差押えを認める取扱いが実務上されている。具体的な仮差押えの期間は、**簡易裁判所**における**平均的**な**審理期間**を前提としているので、仮差押命令の発令時から6カ月から1年程度を目安にしているものと思われる。そこで、将来債権を仮差押えの対象とする場合には、仮差押債権目録で、たとえば「……本決定送達後平成〇年〇月〇日までの間に支払期の到来するもののうち、支払期の早いものから頭書金額に満つるまで……」などという形で期間を限定することになる。

（参考8）　仮差押債権目録──売買代金債権の記載例

(a)

　金〇〇円
　　ただし，債務者が第三債務者に対して平成〇年〇月〇日に売り渡した〇〇〇の売買代金債権〇〇〇〇円

（注）　債務者と第三債務者との間の単一（単発）の売買に基づく代金債権を差し押さえる場合の記載例である。なお、債務者と第三債務者との間で、（継続的な売買ではなく）異なる日に、単一の売買が複数回にわたって行われている場合には、品目等について、より詳細な記載が必要となる場合もあろう。

(b)

　金〇〇円
　　ただし，債務者が第三債務者に対して平成〇年〇月〇日から平成〇年〇月〇日までの間に売り渡した〇〇〇等の売買代金債権で，支払期の早いものから頭書金額に満つるまで

(c)

> 金○○円
> ただし，債務者が第三債務者に対して売り渡した○○○等の売買代金債権で，本決定送達後平成○年○月○日までの間に支払期の到来するもののうち，支払期の早いものから頭書金額に満つるまで

(注) (b)、(c)ともに継続的売買の場合の記載例である。継続的な売買を前提とする場合には、売り渡した商品等について、本来は、もう少し特定すべきではあるが、債権者には特定が困難な場合が多いことから上記程度の記載でもやむを得ないと思われる。

　(b)は、過去の一定の取引期間を区切って、その間の売買代金について仮差押えをするものである。

　(c)は、仮差押決定送達後一定の期間までに支払期が到来するものについて仮差押えをするものである。将来債権にあたることから、一定期間に限って仮差押えを求めることになる。「……本決定送達後○か月以内に支払期の到来する……」などと記載することでもよいが、具体的な日にちを記載するほうが、第三債務者にとっても、よりわかりやすいと思われる。

(参考9)　仮差押債権目録――賃料債権の記載例

> 金○○円
> ただし，債務者と第三債務者との間の下記不動産の賃貸借契約に基づいて，債務者が第三債務者に対して有する賃料債権のうち，本決定送達後平成○年○月○日までの間に支払期の到来するものについて，支払期の早いものから頭書金額に満つるまで
> 　　　　　　　　　　　記
> ○○市○○町1丁目2番3号所在
> 木造瓦葺2階建居宅
> 床面積○○.○○㎡

(注) ① 将来債権の仮差押えにあたることから、本案訴訟の平均審理期間を考慮して、一定期間（6カ月から1年程度）に限定して仮差押えを求めることになる。「平成○年○月○日から平成○年○月○日までの間に」など

第2章　債権仮差押え

　　と具体的な日にちで特定してもよい。
　② 　賃料債権の特定としては、賃貸借契約の当事者と賃貸物件を特定することで足りる。賃料額の記載をすると、仮差押え後に賃料額が変更された場合に仮差押えの効力との関係で問題となることも考えられるとして、不要とされている。
　　　賃貸物件の特定が大切となるので、不動産登記事項証明書や部屋番号等により正確に記載する。
　③ 　複数の賃借人（第三債務者）に対して仮差押えをする場合には、賃借人ごとに、請求債権の額を振り分けたうえで、仮差押債権目録を作成する。

（参考10）　仮差押債権目録──敷金返還債権の記載例

```
　金〇〇円
　ただし，債務者が下記不動産の賃貸借契約に際して第三債務者に差し入れた敷金の返還債権
　　　　　　　　　　　　　記
　〇〇市〇〇町２丁目３番４号所在
　一棟の建物の表示〇〇〇〇マンション
　鉄骨鉄筋コンクリート造陸屋根地下１階付〇〇階建
　〇階〇〇号室　〇〇.〇〇㎡
```

（注）　敷金は、賃貸借契約が終了して不動産の明渡しが完了した後に請求できるものである。そこで、この旨を明示するのが相当であるという考え方もある。この考え方によると、ただし書部分については、「ただし、債務者が下記不動産の賃貸借契約に際して第三債務者に差し入れた敷金について、同賃貸借契約が終了して下記不動産が明け渡された後に、債務者が第三債務者に対して請求することができる敷金返還債権」などと記載することが考えられる。

（参考11）　仮差押債権目録──給与債権等の記載例

　(a)　会社員（月給）の場合

```
　金〇〇円
　ただし，債務者（〇〇勤務）が本決定送達後平成〇年〇月〇日までの間に第
```

三債務者から支給される
1　毎月の給料（基本給及び諸手当。ただし，通勤手当を除く。）から給与所得税，住民税及び社会保険料等の法定控除額を控除した残額の４分の１
　　ただし，その残額が44万円を超えるときは，その残額から33万円を控除した金額
2　各期の賞与から上記１と同じ法定控除額を控除した残額の４分の１
　　ただし，その残額が44万円を超えるときは，その残額から33万円を控除した金額
にして，頭書金額に満つるまで
3　なお，上記１及び２により頭書金額に達しないうちに退職したときは，退職金から所得税及び住民税等の法定控除額を控除した残額の４分の１で，上記１及び２と合わせて頭書金額に満つるまで

（注）①　法50条５項で準用する民事執行法152条（差押禁止債権）、民事執行法施行令２条（差押えが禁止される継続的給付に係る債権等の額）の規定に基づくものである。
　　　②　給与債権の差押えについては、保全の必要性の点から、債務者所有の不動産がないことなどに加えて、退職の可能性についての疎明も必要となる。

(b)　会社員（月給以外）の場合

金〇〇円
　ただし，債務者（〇〇勤務）が本決定送達後平成〇年〇月〇日までの間に第三債務者から支給される
1　給料（基本給及び諸手当。ただし，通勤手当を除く。）として各支払期に支払を受ける金額から，給与所得税，住民税及び社会保険料等の法定控除額を控除した残額の４分の１
　　ただし，その残額の４分の３に相当する金額が，別表記載の各支払期の別に応じ，同表記載の政令で定める額を超えるときは，前記残額から別表記載の政令で定める額を控除した金額
2　賞与から，上記１と同じ法定控除額を控除した残額の４分の１
　　ただし，その残額が44万円を超えるときは，その残額から33万円を控除した金額

にして，頭書金額に満つるまで
3　なお，上記1及び2により頭書金額に達しないうちに退職したときは，退職金から所得税及び住民税等の法定控除額を控除した残額の4分の1で，上記1及び2と合わせて頭書金額に満つるまで

【別表】

支払期の定め	政令で定める金額
毎半月	16万5000円
毎旬	11万円
月の整数倍の期間ごと	33万円に当該倍数を乗じて得た金額
毎日	1万1000円
その他の期間	1万1000円に当該期間の日数を乗じて得た金額

（注）　債務者が第三債務者から派遣されている（人材派遣会社と雇用契約を結び，そこから給与をもらっている）場合には，部署だけでなく「○○会社○○営業所勤務」などと具体的な勤務先名を記載する。

(c)　一般社員と役員を兼務している場合（給料と役員報酬の双方を仮差押えの対象とする場合）

金○○円
ただし，債務者（○○勤務）が本決定送達後平成○年○月○日までの間に第三債務者から支給される
1　毎月の給料（基本給及び諸手当。ただし，通勤手当は除く。）から給与所得税，住民税及び社会保険料等の法定控除額を控除した残額の4分の1
　　ただし，その残額が44万円を超えるときは，その残額から33万円を控除した金額
2　各期の賞与から上記1と同じ法定控除額を控除した残額の4分の1
　　ただし，上記残額が44万円を超えるときは，その残額から33万円を控除した金額
3　役員として毎月又は定期的に支給される役員報酬及び賞与から上記1と同じ法定控除額を控除した残額

にして，頭書金額に満つるまで
4　なお，上記1，2及び3により頭書金額に達しないうちに退職したときは，退職金又は役員退職慰労金から所得税及び住民税等の法定控除額を控除した残額の4分の1（ただし，役員退職慰労金については，その残額全額）で，上記1，2及び3と合わせて頭書金額に満つるまで

(注)　一般社員と役員とを兼務しており、支払われる労働の対価に、給料と役員報酬の両方が含まれている場合の記載例である。一般社員を兼務する役員は、一方では従業員としての給与を受け、他方で役員としての報酬を受けていることから、給与債権については法50条5項で準用する民事執行法152条によることになるが、役員報酬債権については同条の適用がなく、その全額について仮差押えができると解されている。そこで、その対応関係がわかるように仮差押債権を特定する必要がある。

(d)　役員の場合

金○○円
ただし，債務者が本決定送達後平成○年○月○日までの間に第三債務者から支給される
1　役員報酬及び賞与から給与所得税，住民税及び社会保険料等の法定控除額を控除した残額で，頭書金額に満つるまで
2　なお，上記1により頭書金額に達しないうちに退職したときは，役員退職慰労金から所得税及び住民税等の法定控除額を控除した残額で，上記1と合わせて頭書金額に満つるまで

(注)　役員の報酬等については、全額が仮差押えの対象になると解されている。

(e)　公務員の場合

金○○円
ただし，債務者（○○勤務）が本決定送達後平成○年○月○日までの間に第三債務者から支給される
1　毎月の給与（俸給又は給料及び諸手当。ただし，通勤手当を除く。）から給与所得税，住民税等の法定控除額を控除した残額の4分の1

ただし，その残額が44万円を超えるときは，その残額から33万円を控除した金額
2　各期の期末手当及び勤勉手当（特別手当等の賞与の性質を有する給与を含む。）から上記1と同じ法定控除額を控除した残額の4分の1
ただし，その残額が44万円を超えるときは，その残額から33万円を控除した金額にして，頭書金額に満つるまで
3　なお，上記1及び2により頭書金額に達しないうちに退職したときは，退職金から所得税及び住民税等の法定控除額を控除した残額の4分の1で，上記1及び2と合わせて頭書金額に満つるまで

(注)　民間企業における給料は、基本給と諸手当から構成されていると思われるが、国家公務員および地方公務員の場合も概ねこれと同様である。

(f)　国会議員の場合

金〇〇円
ただし，債務者が第三債務者より本決定送達後平成〇年〇月〇日までの間に支給される歳費，期末手当で，各支払期に受ける金額から給与所得税，住民税及び国会議員互助年金給付金を控除した残額で，頭書金額に満つるまで

(g)　地方議会議員の場合

金〇〇円
ただし，債務者が第三債務者より本決定送達後平成〇年〇月〇日までの間に支給される報酬，期末手当で，各支払期に受ける金額から給与所得税，住民税及び議会議員共済掛金を控除した金額で，頭書金額に満つるまで

(注)　議員の受ける歳費や報酬の債権は、法50条5項で準用する民事執行法152条の適用はなく、その全額について仮差押えができると解されている。これらの議員については、一般の国家公務員や地方公務員と異なり、一定の職業（国会法39条、地方自治法92条、92条の2）以外の報酬を伴う兼職が許されているので、議員歳費等の一部を差押禁止とする理由がないというのが、その理由である。

なお、議員の報酬債権に対する仮差押えの効力は、その任期中の報酬債権

についてしか及ばず、任期終了または解散により失職し再度当選して議員となっても、新たな任期中の報酬債権に対しては及ばない。

(参考12) 仮差押債権目録――請負代金債権の記載例
(a) 請負代金債権（単一の契約の場合）

金〇〇円
　ただし、債務者と第三債務者との間の下記工事の請負契約に基づき、債務者が第三債務者に対して有する請負代金債権で、支払期の早いものから頭書金額に満つるまで

記

1　工事名　　〇〇邸工事
2　契約日　　平成〇年〇月〇日
3　工期　　　平成〇年〇月〇日から平成〇年〇月〇日まで
4　工事代金　金〇〇円

(注) 請負契約の具体的な内容（契約日、契約の内容、代金等）を可能な限り特定して記載する。工事代金の場合には、工事名、工事の場所、工期、工事代金等の工事内容を特定する事項をできるだけ記載する。ウェブサイト等により、請負契約の内容が公表されている場合には、これに基づいて特定することが考えられる（この場合、ウェブサイト等の写しを提出するのが相当である）。工期が長期に及ぶ場合には、仮差押えの対象を一定の工期期間に限定することも考えられよう。

(b) 請負代金債権（継続的な請負の場合）

金〇〇円
　ただし、債務者と第三債務者との間の下記請負契約に基づき、債務者が本決定送達後平成〇年〇月〇日までの間に支払を受けるべき債務者が第三債務者に対して有する請負代金債権で、支払期の早いものから頭書金額に満つるまで

記

1　工事名　　〇〇工事
2　契約日　　平成〇年〇月〇日
3　工期　　　平成〇年〇月〇日から平成〇年〇月〇日ころまで

4　工事代金　　金〇〇円
　　5　支払方法等　毎月末日締め翌月〇日支払

(注)　①　基本契約に基づく工事で、一定の締め日ごとに請負代金の支払いがされ、それが将来の一定の期間継続する場合には、将来債権となるので、一定の期間に限って仮差押えの申立てをすることになる。(b)は、この場合の記載例である。
　　　　これに対して、個別契約が複数個存在するだけで、個別契約ごとに代金の支払いがされる場合には、個別契約単位での仮差押えの申立てをすることになる。この場合には、(a)の記載例に沿って記載することになる。
　　②　実務上は、支払期の始期と終期を明示する例が多いと思われる。

(参考13)　仮差押債権目録──預貯金債権の記載例
　(a)　銀行預金

金〇〇円
　ただし，債務者が第三債務者（〇〇支店扱い）に対して有する下記預金債権のうち，下記の順序に従い頭書金額に満つるまで

記

1　差押えのない預金と差押えのある預金とがあるときは，次の順序による。
　(1)　先行の差押え・仮差押えのないもの
　(2)　先行の差押え・仮差押えのあるもの
2　円貨建預金と外貨建預金があるときは，次の順序による。
　(1)　円貨建預金
　(2)　外貨建預金（仮差押命令が第三債務者に送達された時点における第三債務者の電信買相場により換算した金額（外貨）。ただし，先物為替予約がある場合には，原則として予約された相場により換算する。）
3　数種の預金があるときは，次の順序による。
　(1)　定期預金　　　　　　(5)　納税準備預金
　(2)　定期積金　　　　　　(6)　普通預金
　(3)　通知預金　　　　　　(7)　別段預金
　(4)　貯蓄預金　　　　　　(8)　当座預金
4　同種の預金が数口あるときは，口座番号の若い順序による。
　なお，口座番号が同一の預金が数口あるときは，預金に付せられた番号の

若い順序による。

（注）　第三債務者が複数の場合

仮差押債権目録（第三債務者株式会社〇〇銀行（〇〇支店扱い）分）

金〇〇円
　ただし，債務者が上記第三債務者に対して有する下記預金債権のうち，下記の順序に従い頭書金額に満つるまで
記
（以下は前同）

仮差押債権目録（第三債務者株式会社〇〇銀行（△△支店扱い）分）

金〇〇円
　ただし，債務者が上記第三債務者に対して有する下記預金債権のうち，下記の順序に従い頭書金額に満つるまで
記
（以下は前同）

（注）　第三債務者が複数の場合や、取扱支店を異にする場合には、仮差押債権目録は、第三債務者ごと、取扱支店ごとに作成するのが原則である。また、この場合には、仮差押債権額を第三債務者ごと、取扱支店ごとに割り付ける必要がある。

(b)　郵便貯金債権——ゆうちょ銀行に対する貯金債権を対象とする場合

金〇〇円
　ただし，債務者が第三債務者（〇〇貯金事務センター扱い）に対して有する下記郵便貯金債権のうち，下記の順序に従い頭書金額に満つるまで
記

1 差押えのない貯金と差押えのある貯金とがあるときは，次の順序による。
 (1) 先行の差押え・仮差押えのないもの
 (2) 先行の差押え・仮差押えのあるもの
2 担保権の設定されている貯金とされていない貯金があるときは，次の順序による。
 (1) 担保権の設定されていないもの
 (2) 担保権の設定されているもの
3 数種の貯金があるときは，次の順序による。
 (1) 定期貯金
 (2) 定額貯金
 (3) 通常貯蓄貯金
 (4) 通常貯金
 (5) 振替貯金
4 同種の貯金が数口あるときは，記号番号の若い順序による。なお，記号番号が同一の貯金が数口あるときは，貯金に付せられた番号の若い順序による。

(c) 郵便貯金債権――郵便貯金・簡易生命保険管理機構に対する貯金債権を対象とする場合

金〇〇円
 債務者が第三債務者（〇〇貯金事務センター扱い）に対して有する下記郵便貯金債権にして，下記に記載する順序に従い，頭書金額に満つるまで
記
1 差押えのない貯金と差押えのある貯金があるときは，次の順序による。
 (1) 先行の差押え，仮差押えのないもの
 (2) 先行の差押え，仮差押えのあるもの
2 担保権の設定されている貯金とされていない貯金があるときは，次の順序による。
 (1) 担保権の設定されていないもの
 (2) 担保権の設定されているもの
3 数種の貯金があるときは，次の順序による。
 (1) 定期郵便貯金
  （預入期間が経過し，通常郵便貯金となったものを含む。）

(2) 定額郵便貯金
　　（預入の日から起算して10年が経過し，通常郵便貯金となったものを含む。）
(3) 積立郵便貯金
　　（据置期間が経過し，通常郵便貯金となったものを含む。）
(4) 教育積立郵便貯金
　　（据置期間の経過後4年が経過し，通常郵便貯金となったものを含む。）
(5) 住宅積立郵便貯金
　　（据置期間の経過後2年が経過し，通常郵便貯金となったものを含む。）
(6) 通常郵便貯金
　　（(1)から(5)までの所定期間経過後の通常郵便貯金を除く。）
4　同種の郵便貯金が複数あるときは，記号番号の若い順序による。記号番号が同一の郵便貯金が数口あるときは，郵便貯金に付された番号の若い順序による。

(注)　① 預貯金債権は、債権の額を記載し、名義人、取扱店舗、種類などで特定する。
　　　② 銀行等の金融機関や貯金事務センターでは、預貯金をコンピューター管理しているので、氏名には、「債務者賤ヶ岳静香（しずがたけ・しずか）」などと仮差押債権目録中で預貯金者の氏名の読み仮名を記載することも考えられる。
　　　③ 郵政民営化（平成19年10月1日）より前に開設された郵便貯金のうち、通常郵便貯金はゆうちょ銀行へ、それ以外の定期貯金、定額貯金等は独立行政法人郵便貯金・簡易生命保険管理機構に承継されていることに留意されたい。
　　　④ 第三債務者が銀行である場合、仮差押決定の送達は、預金口座のある支店あてに、また、第三債務者がゆうちょ銀行の場合、仮差押決定の送達は、各地域にある貯金事務センターまたは那覇支店貯金事務管理部あてに行うことになる。このため、第三債務者（銀行、ゆうちょ銀行）の表示には、送達先の記載が必要になる。
　　　⑤ 第三債務者が複数の場合には、支店または貯金事務センターもしくは那覇支店貯金事務管理部ごとに仮差押債権を割り付けたうえで、各別に目録を作成するのが原則である。

(3) 疎明方法の提示

債権者は、**被保全権利**および**保全の必要性**について**疎明**しなければならない（法13条2項）。**疎明**とは、**即時に取り調べること**のできる**証拠**（民訴法188条）によって、**一応真実らしい**と思われる程度に証明すれば足りるとする**立証方法**のことである。疎明は、即時に取り調べることができるものに限られているから、**疎明**の**方法**としては、**書証**（文書による取調べ）が中心となる。文書の送付嘱託、呼出証人、裁判所外の検証といった証拠方法は認められない。

理論上は、在廷証人の尋問も可能ではあるが、実務上の疎明資料としては、前記のとおり**書証**によることになり、証人も**陳述書**や**報告書**の形でなされるのが通例である。実務上、**被保全権利**を**疎明**する資料としては、**契約書**、**請求書**、**領収書**、**計算書**といった書証が、**保全の必要性**を**疎明**する資料としては、**登記事項証明書**、支払いを催促する**内容証明郵便**、**配達証明書**、債務者からの**回答書**、具体的な事実を記載した**報告書**や**陳述書**等である。

また、申立書の申立ての理由中において、**立証を要する事由**（主要事実）ごとに、それに対応する**証拠**（**疎明資料**）を記載しなければならない（規則13条2項）。

実務ノート──疎明資料の留意点

実務上、被保全権利については、契約書、見積書や請求書といった被保全権利を裏づけるような書類が作成されている例が多いと思われるので、これらの書類を提出することによって疎明が足りることが多いと考えられる。簡易裁判所に提出される保全命令の申立ての中には、請負契約（工事代金）のように、口頭により合意される例もあるが、このような場合には、作業の経過がわかるメモ書や工事現場の写真、工事資材の発注書等、間接的な証拠によって疎明していくことになろう。

保全の必要性については、債権者による報告書や陳述書による例が多いと思われる。実務上、単に、債務者と連絡がとれなくなっているので、保全の必要性があるとだけ記載されている例もあるが、これだけで必要性の判断をすることは困難であり、①いつ頃まで連絡がとれていたのか、その具体的な方法手段、

連絡の内容、②いつから連絡がとれなくなっているのか、連絡を試みた具体的な方法手段、電話による場合には、その具体的な時期、書面による場合には、具体的な送付方法と内容等、その具体的な内容を時系列に沿ってまとめるのが相当である。

(4) 添付書類等

仮差押命令の申立てに際して必要となる書類としては、次のようなものがあげられる。

(A) 資格証明書

債権者、債務者、第三債務者について、いずれかが法人の場合には、申立日から一定期間以内（1カ月程度以内が一応の目安となろう）の法人登記の登記事項証明書が必要になる。

また、法定代理人については、戸籍謄本等を提出する。

(B) 申立手数料（収入印紙）

請求の価額にかかわらず、申立手数料は、1件2000円である（民事訴訟費用等に関する法律3条1項、別表第1・11の2ロ）。

実務ノート──仮差押命令申立事件における申立手数料

申立手数料は1件につき2000円である。申立書の通数ではない。

同一の債権者から同一の債務者に対する申立てである限り、被保全債権、仮差押債権、第三債務者の数にかかわらず、1件である。また、主債務者と連帯保証人のように相互に連帯関係にある複数の者を債務者として、同一の請求債権で仮差押えを申し立てる場合には1個の申立てと解されている（民事保全の実務31頁）。

なお、貼付する印紙額が判明しない場合には、取りあえず2000円分の印紙を貼付して提出することも考えられる。

(C) 郵便切手

各裁判所によって若干の違いがあると思われるので、申立てに際して、確認のうえ、事前に準備しておいたほうがよいであろう。

(D)　当事者目録、請求債権目録および仮差押債権目録の写し

　実務上、仮差押決定を迅速に作成するために、これらの書面の写しの提出を求めている。必要部数は、当事者（債権者・債務者・第三債務者）の数プラス1となるので、原則は各4部を提出することになる。

　(E)　疎明書類の原本および写し

　(a)　疎明書類の分類

　契約書、請求書、債務者の支払状況報告書、陳述書、報告書等の疎明書類は、被保全権利（契約書、請求書等）と保全の必要性（陳述書、報告書等）に分類し、申立ての理由中の被保全権利および保全の必要性の記載の順に従って、甲1から順次番号を付する。

　なお、申立ての理由を記載するにあたっては、立証を要する事由ごとに証拠を記載しなければならないから（規則13条2項）、申立ての理由中の記載事項と対応するように証拠の番号を付記する。

　また、写真を提出する場合には、撮影日、撮影者、撮影対象がわかるような説明書や図面を添付する。カラーでないと判別しにくい場合には、カラー写真を提出するなどの工夫をする。

　(b)　疎明書類の提出

　疎明書類は、裁判官との面接を実施している簡易裁判所に申立てをする場合は、写し（1部）を提出し、原本は、面接の際、裁判官に確認してもらうことで足りるが、面接を実施していない簡易裁判所に申立てをする場合には、原本と写しを提出し、裁判官が原本と写しを照合した後、債権者に返還される。

　(F)　その他の必要書類

　(a)　住民票

　住所の移転等により、契約書等、疎明書類記載の住所と申立書記載の住所とが異なっている場合には、そのつながりがわかる住民票等を提出する。なお、住民票は、マイナンバーの記載がないものを提出する。

(b) 代理人の委任状

保全事件の委任がされていること、当事者名、事件名、委任事項等に誤りがないか確認する。

(5) 第三債務者に対する陳述の催告の申立て

(A) 陳述の催告を求める目的

仮差押債権は、債務者と第三債務者との法律関係であって、債権者からは不確実な事情も多いと思われる。また、仮に仮差押債権が存在しない場合には、債権者としては、あらためて他の財産を仮差押えするか否かの検討も必要となろう。そこで、このような、仮差押えがその目的を達成したか否かを確認するための方法として認められたのが**第三債務者**に対する**陳述の催告**の制度である（法50条5項で準用する民事執行法147条）。

陳述の催告の申立てには、手数料は不要であるが、第三債務者が裁判所に陳述書を送付するための郵便切手が（債権者分について、第三債務者から債権者に直接送付する取扱いをしている裁判所では、債権者分についても）必要となる。

(B) 申立ての時期および催告の方法

陳述の催告の申立ては、必要的なものではなく、申立てをするか否かは債権者の自由である。

もっとも、申立てがされると、裁判所書記官が仮差押命令を送達するに際して、陳述すべき旨を催告しなければならないことから（法50条5項で準用する民事執行法147条1項）、この申立ては、仮差押命令の申立てと同時か、遅くとも供託書正本（仮差押命令発令の前提となる担保を供託したことを証明する正本）の写しを裁判所に提出するときまでに申し立てる必要がある。

陳述の催告は、裁判所書記官が仮差押命令正本を送達する際に、催告書と陳述書用紙等を同封することによって行う。

【書式2】 第三債務者に対する陳述催告の申立書

第三債務者に対する陳述催告の申立書

平成○年○月○日

○○簡易裁判所　御中

債権者　琵琶湖　鱒　郎　㊞

　　債　権　者　　　琵琶湖　鱒　郎
　　債　務　者　　　賤ヶ岳　檜　夫
　　第三債務者　　　株式会社近江八景

　上記当事者間の債権仮差押命令申立事件について，第三債務者に対し，民事保全法50条5項，民事執行法147条1項による陳述の催告をされたく申し立てます。

（注）　この記載例は，仮差押命令の申立てと同時に陳述催告の申立てがされた場合を前提としている。仮差押命令申立て後に陳述催告の申立てをする場合には，冒頭に事件番号を記載する。

（参考14）　催告書

平成○年(ト)第○○号

平成○年○月○日

催　告　書

第三債務者　○○○○　殿
　　　　〒000-0000　○○市○○1丁目2番3号
　　　　　　　　　　　○○簡易裁判所
　　　　　　　　　　　裁判所書記官　○　○　○　○

　　当事者の表示　仮差押決定正本記載のとおり

　上記当事者間の債権仮差押命令申立事件について，同封の仮差押決定正本の送達を受けた日から2週間以内に，同封の「陳述書」に所要事項を記入して提

出されるよう催告します。

(注意事項)
1　同封の陳述書の該当箇所を〇で囲み，必要箇所に年月日，氏名，金額等を記入した上，当庁に提出してください。同封の陳述書用紙に書ききれないときは，同じ要領で陳述書を作成してください。なお，詳細については，同封の「陳述書の書き方について」をご覧ください。
2　この催告に対して，故意又は過失により，陳述書を提出しなかったとき，又は，事実と異なる記載をしたときは，これによって生じた損害について，賠償を求められることがありますからご注意ください。
3　陳述書は，同封の封筒で，2通とも当庁宛に返送してください。

(参考15)　陳述書用紙

事件番号平成〇年(ト)第〇号

陳　述　書

〇〇簡易裁判所　御中
　　　平成　　年　　月　　日
　　　　　　　　第三債務者　住所
　　　　　　　　　　　　　　氏名　　　　　　　　　　印

下記のとおり，陳述します。

1　仮差押債権目録記載の債権の存否	ない……以下2.～4.の記載は不要です。 ある……下欄にその種類と額を記載してください。
上記債権の種類及び額 （金銭債権以外の債権はその内容）	
2　弁済の意思の有無	ない……下欄に弁済しない理由を記載してください。 ある……下欄に弁済する範囲・金額を記載してください。
弁済する範囲（金額）又は弁済しない理由	

3　仮差押債権目録記載の債権について債権者に優先する権利を有する者（例えば質権者）がある場合の記入	優先権利者の住所・氏名
	その権利の種類及び優先する範囲
4　仮差押債権目録記載の債権に対する他の債権者からの差押え又は仮差押えの有無（滞納処分又はその例による差押えの場合も記載する）	ない ある……下欄に他の差押等の詳細を記載してください。
	裁判所　　　　支部 平成　年(　)第　　　号 平成　年　月　日に送達を受けた。 債権者の住所・氏名 差押えや仮差押えされた債権の額（または目的物の数量）

(参考16)　事務連絡（陳述書の書き方）

陳述書の書き方について

第1　あなたに，この「仮差押決定正本」が送られてきたのは，次の事情によります。

1　まず，「仮差押決定正本」（以下，「決定」といいます。）をよくお読みいただいて，誤解のないようにお願いします。

　決定の「当事者目録」に記載されている「債権者」は，「債務者」に対して「請求債権目録」記載の債権を有していると主張し，これから「債権者」が「債務者」に対して裁判を起こす予定です。

　しかし，その裁判の結論が出るまでにあなたが「債務者」に対して「仮差押債権目録」記載の債権（給料・賃料等）を支払ってしまうと，「債権者」が裁判で勝訴してその判決に基づいて強制執行をして債権を回収しようとしてもすることができません。

　仮差押決定は，それを防止するために出されたものです。

2　ここで，あなたのことを「第三債務者」と呼んでいるのは，この場合の法

律用語です。裁判所があなたに「債権者」や「債務者」に対する新たな義務があることを認めたものではありません。
3　この決定の「仮差押債権目録」記載の関係が存在する場合には，この決定があなたに届いてから以降の「仮差押債権目録」記載の給料・賃料などは「仮差押債権目録」記載の金額に達するまで「債務者」に支払わず保留してください。
　(1)　この決定以外に裁判所からの債権差押命令や債権差押処分（仮差押えではありません）がされた場合で，両方の差押えの額の合計が債務額を超えるときは，必ず法務局に供託しなければなりません。
　　　　例えば，100万円の預金債務に対して80万円の差押えがなされ，その後50万円の仮差押えがなされた場合があげられます。
　(2)　(1)の場合以外で，他にもその債権に仮差押えがなされている場合や賃料などを「債務者」に払いたくても払えない場合に供託することができます。

　供託した場合には「供託書正本」と「事情届」を裁判所に提出して下さい。
　その提出先は，(1)の場合には最初に送達された差押命令を発した裁判所（差押処分が先に送達された場合には，当該差押処分をした裁判所書記官），(2)の場合には先に送達された仮差押命令を発した裁判所です。

第2　「催告書」によって催告された「陳述書」の書き方について
1　同封の「陳述書」用紙2枚に同じことを記入し，あなたの住所及び氏名を記載，押印の上（又は1枚記載のうえコピー，それぞれに押印し），返信用封筒を利用して2通とも当庁までご返送下さい。
　　なお，この「陳述書」は，この決定があなたに届いてから2週間以内にご返送下さい。あなたが故意又は過失により陳述しなかった場合，又は不実の陳述をした場合は，これによって生じた損害の賠償を請求される場合がありますのでご注意下さい（民事保全法第50条第5項で準用する民事執行法第147条2項）。
2　「陳述書」の書き方について
　(1)　「1．仮差押債権目録記載の債権の存否」欄
　　　　あなたと「債務者」との間に，この決定書の「仮差押債権目録」記載の権利関係が「ある」か「ない」かということです。
　　　　「債務者」との間で賃貸借・雇用関係等がある場合には「ある」に，な

い場合には「ない」に○をして下さい。
以下は(1)で「ある」と記載された方のみ記載して下さい。
(2)　「上記債権の種類及び額」欄
　　月額（毎月の金額が異なる場合は，3ヶ月分を平均した程度）の賃料・給料などを記載して下さい。
　　（記載例）
　　　　賃料の場合…月額65,000円（うち管理費2,000円を含む）
　　　　給料の場合…月額平均240,000円（所得税，社会保険，交通費を含む）
(3)　「2．弁済の意思の有無」欄
　　上記(1)で「ある」と回答された「債務者」に対する債務（賃料債務，給料債務等）について，裁判で債務者が敗訴してこの仮差押えが本差押えになった場合にあなたが「債権者」に支払う意思があるか否かです。
(4)　「弁済する範囲（金額）又は弁済しない理由」欄
　　上記(3)で「ある」と回答された場合，具体的にどの範囲で債権者に弁済するか，具体的に記載して下さい。
　　（記載例）
　　　　・全額
　　　　・（給料の場合）上記1の額の四分の一，金60,000円
　　上記(3)で「ない」と回答された方はその理由を記載して下さい。
(5)　「3．仮差押債権目録記載の債権について債権者に優先する権利を有する者（例えば質権者）がある場合の記入」欄
　　通常はありませんが，質権の設定があるとか毎月常に優先して支払う先がある場合などに記載して下さい。ない場合は記載しなくても構いません。
(6)　「4．仮差押債権目録記載の債権に対する他の債権者からの差押え又は仮差押えの有無」欄
　　この決定書があなたに送達されるよりも前に，同じような「差押え・仮差押え・仮処分」などが裁判所や税務署・市町村などから届いていた場合に記載して下さい。
　　ない場合には「ない」に○をして下さい。

御不明な点がありましたら，下記までお問い合わせください。
　　　　　　　　　　　　　　　○○簡易裁判所
　　　　　　　　　　　　　　　電話　000－000－0000　内線　00

(参考17) 陳述書記載例

事件番号　平成●年(ト)第●●●号

陳　述　書

○○簡易裁判所　御中
　　平成●年●月●日
　　　　　　第三債務者　住所　○○市○○区○○町△－□－○
　　　　　　　　　　　　氏名　株式会社●●●
　　　　　　　　　　　　代表者代表取締役　■　■　■　■　印

下記のとおり，陳述します。

1　仮差押債権目録記載の債権の存否	ない……以下2.～4.の記載は不要です。 ある……下欄にその種類と額を記載してください。
上記債権の種類及び額 （金銭債権以外の債権はその内容）	給料　月額　平均240,000円 　なお，所得税，社会保険・交通費含む 　毎月　20日支払・●月以降分
2　弁済の意思の有無	ない……下欄に弁済しない理由を記載してください。 ある……下欄に弁済する範囲・金額を記載してください。
弁済する範囲（金額）又は弁済しない理由	給料（基本給と諸手当，ただし交通費除く）から 税金・社会保険料を控除した額220,000円の4分の1の額55,000円の範囲
3　仮差押債権目録記載の債権について債権者に優先する権利を有する者（例えば質権者）がある場合の記入	優先権利者の住所・氏名
	その権利の種類及び優先する範囲
4　仮差押債権目録記載の債権に対する他の債権者からの差押え又は仮差押えの有無 （滞納処分又はその例による差押えの場合も記載する）	ない ある……下欄に他の差押等の詳細を記載してください。
	○○地方　裁判所　○○　支部 平成●年（●）第▲▼▲号 平成●年●月●日に送達を受けた。

債権仮差押え

49

第2章　債権仮差押え

	債権者の住所・氏名 　　★★市●●区●●町1-2-3 　　　　○○○　株式会社 差押えや仮差押えされた債権の額（または目的物の数量） 　　請求債権　　金×××,×××円 　　仮差押債権　金×××,×××円

（参考18）　事情届用紙

（注意）供託をしない場合には本書面は不要です。

事　情　届

○○簡易裁判所　御中

　　　　　　　　　　　　　平成　　年　　月　　日

　　第三債務者　住所
　　　　　　　　氏名　　　　　　　　　　　　　印
　　　　　　　　電話番号　　（　　　）

事件の表示	事件番号	○○簡易裁判所　平成　　年(ト)第　　号
	当事者	債権者 債務者

供託	供託金額	金　　　　　　　　円也
	供託日時	平成　年　月　日　午前・午後　時　分
	供託番号	平成　年度　金第　　　号
	供託所	法務局　　　　支局 地方法務局　　　出張所
	本件届け出た仮差押命令の第三債務者への送達日 　　平成　　年　　月　　日	
	上記(1)に競合する仮差押命令事件の表示	
	裁判所名	地方裁判所　　　支部 　　　簡易
	事件番号	平成　年（　　）第　　号
	債権者名	
	命令送達日	平成　年　月　日

請求債権額	金　　　　　　　円也			
裁判所名	地方裁判所　　　支部 　　　　　簡易			
事件番号	平成　　年（　　　）第　　　号			
債権者名				
命令送達日	平成　　年　　月　　日			
請求債権額	金　　　　　　　円也			

裁判所に本書を提出する際，供託書正本を添えて提出してください。

(C) 　第三債務者に対する陳述を催告する事項

　陳述を求める事項は，法50条5項で準用する民事執行法147条1項、民事執行規則135条1項に規定する事項である（（参考15）ないし（参考17）を参照）。

(D) 　陳述書の提出期限

　裁判所書記官から陳述の催告を受けた第三債務者は、仮差押決定正本の送達を受けた日から**2週間以内**に**書面**で陳述しなければならない（法50条5項で準用する民事執行法147条1項、民事執行規則135条2項）。

(E) 　第三債務者による陳述の法的効果

　裁判所書記官からの陳述の催告に対し、第三債務者がした陳述の内容について実体法上の法的効果が生じるものではない。

　もっとも、陳述の催告に対して、第三債務者が故意または過失により、陳述しなかったことにより、または不実の陳述をしたことにより、（仮差押）債権者が損害を受けたときは、その損害賠償の責任を負わなければならない（法50条5項で準用する民事執行法147条2項）。

(F) 　陳述書の訂正

　陳述書を提出した後、第三債務者が訂正を希望する場合には、訂正が可能である。

　なお、第三債務者が法人の場合には、陳述書は代表者名義で作成する。

もっとも、仮に、支店長といった管理職名義により作成されている場合に、実務上は、あえて訂正まで求めていないものと思われる。

> **実務ノート──債権仮差押命令申立書等のチェックリスト**
>
> ☐ 1 申立書等の形式的な確認（年月日、作成者、押印等）
> 　　　疎明書類、添付書類の確認
> 　　　第三債務者に対する陳述催告の申立書の有無
> ☐ 2 管轄（本案の管轄裁判所）
> ☐ 3 収入印紙（2000円分）
> ☐ 4 郵便切手
> ☐ 5 当事者目録　資格証明書等との照合
> ☐ 6 申立ての趣旨の記載
> ☐ 7 請求債権目録　①請求債権の特定は十分か
> 　　　　　　　　　②遅延損害金等は申立日まで
> ☐ 8 被保全権利　①被保全権利の特定＋理由づける事実の記載
> 　　　　　　　　　（要件事実＋債務者の抗弁事由）
> 　　　　　　　　②債権者の債務者に対する債権であること
> 　　　　　　　　③疎明で足りる
> ☐ 9 仮差押債権目録　①仮差押債権の特定
> 　　　　　　　　　　②将来債権の場合の仮差押期間の限定
> ☐ 10 保全の必要性　①債務者との交渉経緯、債務者の生活態度、資力等
> 　　　　　　　　　　②連帯保証人に対する請求──主債務者の無資力
> 　　　　　　　　　　③預金──他に差し押さえるべき財産がないこと
> 　　　　　　　　　　④給料──他に差し押さえるべき財産がないこと＋退職の可能性
> 　　　　　　　　　　⑤疎明で足りる

2　保全命令手続

(1)　申立書の受付

申立書が提出されると、裁判所書記官は、保全命令事件簿に登載して受け付ける。**記録符号**は「ト」である。

申立書に形式的な誤りがある場合や、添付書類が不足しているような場合には、受付の段階で、裁判所書記官から補正を促されることになる。

> **実務ノート──債務者の破産・民事再生**
>
> Ⅰ　破産手続開始決定
> 債務者について破産手続開始決定がされると、仮差押命令の申立ては認められない（破産法42条1項）。したがって、仮に申立てがされても、取下げの促しがされ、これに債権者が応じなければ却下されることになる。
> なお、仮差押えが破産手続開始決定に先行していた場合には、破産財団に対してはその効力を失う（破産法42条2項）。このため、債権仮差押えがされていても、破産管財人は第三債務者から直接債権の取立てをすることができる。ここで効力を失うという趣旨は、保全執行手続のみを指すのか、それとも保全命令手続を含むのかという点については、考え方が分かれている。
> Ⅱ　民事再生
> 再生手続が開始されると、仮差押命令の申立ては認められない（民事再生法39条1項前段）。したがって、仮に申立てがされても、取下げの促しがされ、これに債権者が応じなければ却下されることになる。この点は、通常の再生手続だけでなく、個人再生手続の場合も同様である。
> なお、仮差押えが再生手続開始決定に先行していた場合には、仮差押えの手続が中止される。手続の中止は、手続がその時点の状態で凍結され、その続行が許されなくなるということである。もっとも、手続の消滅まで来るものではないので、仮差押えの効力は維持されることになる。
> Ⅲ　（参考）特別清算開始命令がされた場合や会社更生手続開始決定がされた場合にも、仮差押命令の申立ては認められない（会社法515条1項、会社更生法50条1項参照）。

(2) 申立書の審査

(A) 審査の方法

仮差押命令事件は、債務者審尋をしたりすると、申立ての内容を債務者に知られてしまい、債務者が財産を隠匿、散逸するなどして、仮差押命令の申立ての目的を達することができなくなるおそれがあることから、一般に、**書面審理**を中心とした審査が行われている。もっとも、保全の必要性等につい

て補充的に説明を求めたり、書証について確認することも多いのが実情である。このため、東京や大阪のように、民事保全を専門に担当する係があるような簡易裁判所では、債権者に対する面接（債権者面接あるいは債権者審尋）を行っており、その他の庁では、裁判所書記官を通じて電話または書面により補充を求めることなどが行われている。

(B) **必要的記載事項の審査**

申立書が提出されると、まず、規則13条1項に定める申立書の**必要的記載事項**の記載の有無と**申立手数料**の納付の有無が審査される。仮に、不備があれば、債権者に**補正**を命じ、補正命令に応じない場合またはその補正ができないときは、申立書を**却下**することになるが（法7条、民訴法137条）。実務においては、裁判所書記官を通じての（事実上の）**補正の促し**によって補正されるのが通例であろうから、却下にまで至る例は少ないと思われる。なお、必要的記載事項のうち、実務上問題となるのは、**当事者**（債務者・第三債務者）の**特定**と、仮差押えの**目的物**の**特定**である。

(C) **申立ての要件の審査**

次に、**審査**の対象となるのは、①**形式的要件**である**訴訟要件**の具備と②**実体的要件**である**被保全権利**および**保全の必要性**の存否である。

訴訟要件は、管轄、当事者能力、訴訟能力、当事者適格等であって、基本的に訴訟の場合と同様である。訴訟要件については、原則どおり、**証明**によることになる。

仮差押命令事件においてポイントとなるのは、**管轄**である。訴訟要件が具備されていない場合のうち、管轄がない場合は移送の対象となり、それ以外の代理権が欠けているといった場合には、申立ての却下の対象となるが、これについても、実務上、却下にまで至る例は少ないと思われる。

被保全権利および**保全の必要性**については、**疎明**で足りるが、それぞれについて基礎づける具体的な事実を疎明しなければならない。仮差押えにおいては、債権者の審尋だけで発令されることから、被保全権利については、本案において勝訴する相当な見込みがあるといえる程度の心証を抱かせるまで

の疎明が必要である。また、申立書等から想定される抗弁については、これを排斥する事項を含めて疎明することが必要である。保全の必要性については、被保全権利の疎明が十分にされていることを踏まえて判断されるものであるから、基本的には、具体的な事実を記載した報告書や陳述書とこれを補強する書面等によって疎明されることになる。**実体的要件**に欠けると判断される場合には、**申立ての却下**の対象となる。申立ての却下に対しては、法19条による**即時抗告**（告知を受けた日から2週間以内）が可能である。

【書式3】 債権仮差押命令申立書の訂正申立書

```
平成○年(ト)第○号　債権仮差押命令申立事件
債 権 者　　○　○　○
債 務 者　　○　○　○
第三債務者　○　○　○

            債権仮差押命令申立書の訂正申立書

                                        平成○年○月○日

○○簡易裁判所　御中

                        債権者　○　○　○　○　㊞

  頭書の事件について，次のとおり訂正及び補充する。
1　申立書の「当事者目録」中，債務者の氏名が「△△△△」とあるのは，誤
　記であるから，「○○○○」と訂正する。
2　申立書の「保全の必要性」について，「債務者の住所地の土地建物につい
　て，所有者を確認したところ，いずれも債務者とは別人であり，本件で仮差
　押えを求めている給料を除いてみるべき資産はない（甲○）。」こと，「債務
　者は最近無断欠勤が続いているようである（甲○）。」ことを補充する。

                    疎 明 書 類
1　甲○　　不動産登記事項証明書
2　甲○　　報告書（追加）

                                            以　上
```

（注） 裁判所書記官を通じて、訂正・補充を求められた場合の訂正申立書の書式例である。当事者目録等、仮差押決定書に利用する目録部分について訂正等がされた場合には、別途、決定用の写しを提出する。

(参考19) 申立ての却下決定例

平成〇年(ト)第〇号　債権仮差押命令申立事件

決　　　定

　　〇〇県〇〇市〇〇町1丁目2番3号
　　　　　債　　権　　者　　　〇　〇　〇　〇
　　〇〇県〇〇市〇〇町2丁目3番4号
　　　　　債　　務　　者　　　〇　〇　〇　〇
　　〇〇県〇〇市〇〇町3丁目4番5号
　　　　　第　三　債　務　者　　株式会社〇〇銀行
　　　　　代表者代表取締役　　　〇　〇　〇　〇

主　　　文

1　本件申立てを却下する。
2　申立費用は債権者の負担とする。

理　　　由

1　申立ての趣旨及び理由
　　本件申立ての趣旨及び理由は，債権仮差押命令申立書記載のとおりであるから，これを引用する。
2　当裁判所の判断
　(1)　被保全権利
　　　本件は，債権者が債務者との間で平成〇年〇月〇日に締結した請負契約（工事名〇〇解体工事）に基づく請負残代金〇〇円を被保全権利として，預金債権の仮差押えを求めている事案であるところ，一件記録上の疎明資料によれば，債権者が上記請負契約に基づいて請負代金債権を有していることについては一応認めることができる。
　(2)　保全の必要性
　　　次に，保全の必要性について，判断すると，仮差押命令は，金銭の支払

を目的とする債権について，強制執行をすることができなくなるおそれがあるとき，又は強制執行をするのに著しい困難を生ずるおそれがあるときに発することができる（民事保全法20条）とされているところ，債務者は，「○○」の名称で○○を経営しており，一件記録上も，債務者の事業経営が行き詰まっていることを認めるに足りる事実はなく，また，債権者の言い分によれば，残代金の支払期日に振込手続がされなかったというだけであって，債務者と連絡を試みるといったこともしていないというのであるから，現時点で，債務者の預金債権について仮差押えをしておかなければ，債権者が債務名義を取得した時点で債務者の財産が散逸しているおそれがあるとまでいうことはできない。
(3) そうすると，本件は，保全の必要性について認定することができないといわざるを得ないから，本件申立てには理由がないとして却下することとし，主文のとおり決定する。
平成○年○月○日

　　　　　　　　　　　○○簡易裁判所
　　　　　　　　　　　　裁判官　　○　○　　　　○

(注) ① 申立ての却下決定については、理由を付さなければならないが、（口頭弁論を経ないで決定をする場合であるから）理由の要旨を示せば足りる（法16条）。また、理由の記載にあたっては、主要な争点およびこれに対する判断を示せば足りることとされている（規則9条）。
② 判決において事実認定をする際には、「……の事実が認められる」という表現が用いられるのに対し、保全命令手続においては、被保全権利および保全の必要性の立証が疎明で足りるものとされていることから、「……の事実が一応認められる」という表現がされている。
③ 申立ての却下決定には、理由中で保全命令の申立書その他の当事者の主張を記載した書面を引用することができる（規則9条）。

(3) 担　保

(A) 担保の性質

　担保は、違法・不当な保全命令または保全執行によって債務者が被る可能性のある損害を担保するために、裁判所があらかじめ債権者に提供することを求めるもので、債務者は、債権者に対する損害賠償請求権について、他の

債権者に優先してこの担保から弁済を受ける権利を有するものである(民訴法77条)。このため、担保は、債務者に対する関係で保全命令手続を正当化し、また、債権者に対する関係で濫用的な申立てを防止する機能を有するものであるとされている。

　(B)　担保を命じる方法

　保全命令は、①担保を立てさせて、もしくは②相当と認める一定の期間内に担保を立てることを保全執行の実施の条件として、または③担保を立てさせないで発することができるとされている(法14条1項)。

　実務においては、申立ての審査により、被保全権利および保全の必要性が認められ、発令可能と判断される場合には、①の担保を事前に立ててもらってから保全命令の発令をするのが通例であると思われる。この場合、裁判所は、担保の額、担保提供期間を定めた担保決定を発することになる。

(参考20)　担保決定例

　　　　　　　　　　　決　　　　定

　債権者は担保として債務者に対し金○○円を平成○年○月○日までに供託せよ。
　　　平成○年○月○日
　　　　　　　　　　○○簡易裁判所
　　　　　　　　　　　　裁判官　○　○　○　○　　　㊞
　同日同庁において債権者本人に対し口頭により上記決定を告知した。
　　　　　　　　　　　　裁判所書記官　　○○○○　　㊞

(注)　担保決定は、保全命令手続の迅速性や決定内容が複雑でないこと、相当と認める方法で告知すれば足りることもあり(法7条、民訴法119条)、決定書を別途作成することなく、記録の表紙の裏面に設けられた決定書欄を利用する例が多いと思われる(民事保全の実務212頁参照)。また、告知も、書面ではなく、口頭または電話によりされるのが一般的である。

(C) 担保提供の方法

　担保提供の方法は、①**金銭**または裁判所が相当と認める有価証券を供託する方法と②銀行等の一定の金融機関との間で支払保証委託契約を締結する方法（実務上「ボンド」と呼ばれている）とがある（法4条1項、規則2条）。

(a) **金銭の供託による場合**

　前記①の場合で、有価証券の供託による場合には、あらかじめ裁判所に、有価証券の種類、額面、名称等を具体的に特定して申し出ることが必要である。簡易裁判所においては、供託金額がそれほど高額ではないということもあり、有価証券による例はおよそなく、金銭により供託する方法が選ばれるのが一般的である。

　また、債権者は、原則として、担保を立てることを命じられた裁判所（発令裁判所）または保全執行裁判所の所在地を管轄する地方裁判所の管轄区域内の供託所に供託する（法4条1項）。したがって、たとえば、担保を立てることを命じた裁判所が東京簡易裁判所であっても、東京地方裁判所の管轄区域内の供託所に供託すべきことになる。誤った供託所に行った供託は無効であり、担保提供の効力は生じないとされている。

　例外として、裁判所の許可を得て、債権者の住所地または事務所の所在地その他裁判所が相当と認める地を管轄する地方裁判所の管轄区域内の供託所に供託することができる（法14条2項。管外供託と呼ばれている）。

　また、債権者の親族等の第三者が、裁判所の許可を得て供託する方法（いわゆる第三者供託）もあるが、簡易裁判所では、ほとんど用いられていないと思われる。

　供託の方法による場合は、債権者は、**担保提供期間内**に**供託書正本**とその**写し**を裁判所に提出する。供託書正本は、写しと照合された後、返還される（供託書正本の写しは、正本と照合したことおよびその年月日を付記したうえで、記録に編綴される）。

> **実務ノート──供託の際の留意点**
>
> ⅰ 担保提供期間内に供託手続をする。
> ⅱ 担保を命じた裁判所または保全執行裁判所を基準として、その裁判所の所在地を管轄する地方裁判所の管轄区域内の供託所が供託の場所である。
> ⅲ 供託者の住所・氏名は、担保決定において担保を立てることを命じられた者（原則は、債権者）の住所・氏名を略字等を用いることなく正確に記載する。
> ⅳ 被供託者の住所・氏名は、保全命令の債務者の住所・氏名を略字等を用いることなく正確に記載する。
> ⅴ 供託金額は、冒頭に「¥」のマークを付して、担保を命じられた金額を記載する。
> ⅵ 法令条項は、「民事保全法14条1項」である。
> ⅶ 裁判所の名称および件名等は、「○○簡易裁判所平成○年(ト)第○号債権仮差押命令申立事件」と記載する。
> ⅷ 当事者は、原則的な場合は、「債権者」を○で囲み、その下に「供託者」と、また、「債務者」を○で囲み、その下に「被供託者」と、それぞれ記載する。
> ⅸ 供託の原因たる事実は、「仮差押の保証」を選択する。

(b) **支払保証委託契約を締結する方法による場合**

　支払保証委託契約を締結する方法による場合とは、裁判所の許可を得て、金融機関（銀行等）との間で、支払保証委託契約を締結し、将来、債務者が債権者に対し損害賠償請求権を有するようになったときに、銀行等が債権者に代わって金銭を支払うことを約束する方法によるものである。支払保証委託契約による場合には、債権者は、同委託契約により担保提供することの許可申請書2通を裁判所に提出し（申請について、手数料は不要である）、その1通により作成された許可決定謄本を受領して、銀行等と支払保証委託契約を締結することになる。また、委託契約の締結後、債権者は、銀行等から委託契約書の写しの末尾に契約を締結した旨の証明文を付したもの（支払保証委託契約締結証明書）の交付を受けて、担保提供期間内に裁判所に同証明書

を提出する。

　(D)　担保額の算定

　担保額は、保全命令または保全執行によって債務者に発生する可能性のある損害の程度ないし範囲を検討予測して、妥当な額を決定することになる。この検討にあたっては、個別の事案ごとに、どのような保全命令および保全執行がされるのか、保全命令の種類、保全命令の目的物の種類と価格等、被保全権利の性質とこれによる権利存在の確実性の程度、債務者の職業や経済状態といった点を考慮して、疎明の程度も斟酌しながら決定される。

　(E)　担保提供の期間

　保全命令手続の迅速性、暫定性から、実務上は、3日から5日、長くても7日間程度の期間（初日不算入、担保決定日の翌日から起算される）が定められている（講義案21頁）。

　なお、実務上、相当な理由に基づいて、担保提供期間の満了前に期間延長の申出があれば、延長が認められる。もっとも、何度も延長が認められるわけではなく、原則として、1回かつ当初の担保提供期間を限度とすることにはなると思われる。

　期間延長の申出がないまま、担保提供期間を徒過した場合には、裁判所書記官を通じて、保全命令申立ての取下げの促しがされ、仮に、取下げされない場合には、却下の対象となろう（民訴法78条）。

【書式4】　担保提供期間の延長申請書

```
平成○年(ト)第○号　債権仮差押命令申立事件
債　権　者　　○　○　○　○
債　務　者　　○　○　○　○
第三債務者　　○　○　○　○

　　　　　　担保提供期間の延長申請書

　　　　　　　　　　　　　　　　　　　平成○年○月○日

○○簡易裁判所　御中
```

　　　　　　　　　　　　　　　　債権者　○　○　○　○　㊞
　頭書の事件について，平成○年○月○日までに担保を提供するよう決定されたが，……により期限内に供託することができないので，平成○年○月○日まで期限を延長されるよう申請する。
　　　　　　　　　　　　　　　　　　　　　　　　　　　以　上

（注）　延長を求める理由は、単に「体調不良により」などとせずに、具体的な症状等を記載する。

（参考21）　担保提供しないことによる申立ての却下決定例

平成○年(ト)第○号　債権仮差押命令申立事件

　　　　　　　　　　　決　　　　定

　　○○県○○市○○１丁目２番３号
　　　　　　債　権　者　　○　○　○　○
　　○○県○○市○○２丁目３番４号
　　　　　　債　務　者　　○　○　○　○
　　○○県○○市○○３丁目４番５号
　　　　　　第三債務者　　○　○　○　○
　頭書の事件について，当裁判所は，債権者が定められた期間内に担保を提供しないので，次のとおり決定する。

　　　　　　　　　　　主　　　　文
１　本件申立てを却下する。
２　申立費用は債権者の負担とする。
　　平成○年○月○日
　　　　　　　　　　○○簡易裁判所
　　　　　　　　　　　　裁　判　官　　○　○　○　○

　　(F)　当事者複数の場合の担保の定め方
　当事者の一方または双方が複数の場合には、各債権者が各債務者に対し個別に担保を立てるのが原則である（**個別担保**）。担保決定としては、「債権者

は担保として債務者らに対し各金○○円を平成○年○月○日までに供託せよ」、「債権者は担保として債務者Aに対し金○○円、債務者Bに対し金○○円を平成○年○月○日までに供託せよ」などとなる。この場合、一括して供託するよりも、個別に供託手続をするのが相当である。

なお、債権者全員が一括共同して、または債務者全員のために一括共同して担保を立てる方法（共同担保）もあるが、担保権実行手続上の問題や担保物取戻しの関係での問題もあることから、例外的な取扱いとされている。

(G) 供託書の記載内容に誤記がある場合

供託書の記載内容に誤記がある場合、軽微な誤りであれば、そのまま裁判所で受領してもらえるが、供託書の誤記の内容が許容範囲を越えていて、適式な担保提供とみられない場合（たとえば、被供託者などの住所・氏名、供託金額、供託の根拠条文、事件番号等の誤記）、原則的には、錯誤を理由として供託金を取り戻して再度供託をし直すことになる。もっとも、この方法では、保全命令手続の迅速性の要請を満たさないことも考えられるため、実務上は、裁判所に供託書の不受理証明申請書を提出し、その証明書を供託所に提示して、供託書の訂正をしてもらうという取扱いもされている。

【書式5】 供託書不受理申請書

```
平成○年(ト)第○号　債権仮差押命令申立事件
債　権　者　　○　○　○　○
債　務　者　　○　○　○　○
第三債務者　　○　○　○　○

            供託書不受理証明申請書

                              平成○年○月○日

○○簡易裁判所　御中
              債権者（供託者）　○　○　○　○　㊞

　頭書の事件について，別紙供託書正本を下記事由により不受理とされたく申
請する。
```

記
　別紙供託書正本の被供託者の住所を○○○とすべきところ，△△△と記載したため
（別紙供託書正本省略）

（注）① 不受理申請書とともに、不受理証明申請書（【書式6】を参照）および受書（【書式7】を参照）についても、同時に提出する。不受理申請書を提出することなく、不受理証明申請だけすれば足りるという扱いもある。
　　　② 不受理申請には手数料を要しない。

【書式6】　不受理証明申請書

平成○年(ト)第○号　債権仮差押命令申立事件
債　権　者　　○　○　○
債　務　者　　○　○　○
第三債務者　　○　○　○

供託書不受理証明申請書

平成○年○月○日

○○簡易裁判所　御中

　　　　　　　　　債権者（供託者）　　○　○　○　㊞

　頭書の事件について，別紙供託書正本が下記事由により受理されなかったことを証明されたく申請する。

記
　別紙供託書正本の被供託者の住所を○○○とすべきところ，△△△と記載したため

　　上記のとおり証明する。
　　　　　平成　　年　　月　　日
　　　　　　　○○簡易裁判所
　　　　　　　　　裁判所書記官

（別紙供託書正本省略）

(注) 証明申請書は、印紙（150円分）を貼付したものと貼付していないものの2部作成して提出する。

【書式7】　不受理証明書受書

```
平成○年(ト)第○号　債権仮差押命令申立事件
債 権 者　　○　○　○　○
債 務 者　　○　○　○　○
第三債務者　○　○　○　○

               受　　　書

                                    平成○年○月○日
○○簡易裁判所　御中
                    債権者（供託者）　○　○　○　○　㊞
  頭書の事件について，債権者は，下記書類を受け取りました。
                       記
    不受理証明書　　1通
```

(4) 仮差押決定の作成

(A) 決定の記載事項

供託書正本等により担保提供の証明がされると、**決定**で**保全命令**を発する（法14条1項、規則9条1項）。決定は、「**仮差押決定**」の標題で、債権者から提出された**当事者目録、請求債権目録、仮差押債権目録**を利用して作成される。

決定の記載事項は、①**事件の表示**、②**当事者の氏名**または**名称**および**住所**、代理人の氏名、③**担保額**および**担保提供方法**、④**主文**、⑤理由または**理由の要旨**、⑥**決定の年月日**、⑦**裁判所**の表示、⑧**裁判官**の記名押印である（規則9条2項）。

保全命令が、「事件を完結する裁判」（民訴法67条1項）にあたるか否かについては、肯定・否定の両説がある。肯定する考え方をとる場合、「主文」には、職権で費用負担の裁判をすべきことになるが、この場合でも実務では、

申立費用負担の裁判を省略するのが一般的である。

また、決定の理由は、理由の要旨を示せば足りる（法16条ただし書）とされていることから、「債権者の申立てを相当と認め」程度の記載をするのが通例である。

（参考22）　債権仮差押決定例

```
                                          平成○年(ト)第○号

                     仮差押決定

    当事者の表示　　　別紙当事者目録記載のとおり
    請求債権の表示　　別紙請求債権目録記載のとおり
  上記当事者間の仮差押命令申立事件について，当裁判所は，債権者の申立て
を相当と認め，債権者に下記方法による担保を立てさせて，次のとおり決定す
る。


                       主　　　文
  債権者の債務者に対する上記請求債権の執行を保全するため，債務者の第三
債務者に対する別紙仮差押債権目録記載の債権を仮に差し押さえる。
  第三債務者は，債務者に対し，仮差押えに係る債務の支払をしてはならない。
  債務者が，上記仮差押債権額を供託するときは，この決定の執行停止又はそ
の執行処分の取消しを求めることができる。
    平成○年○月○日
                          ○○簡易裁判所
                               裁判官　　○　○　○　○
                       記
            立担保の方法（○印をつけたもの）
①　金○○万円の供託
２　株式会社　　　　との間に，金　　　万円を限度とする支払保証委託契約を
   締結する方法による担保
（別紙当事者目録，請求債権目録，仮差押債権目録省略）
```

（注）　この記載例は、仮差押解放金について、まず、目的物の価額（仮差押債権

額）を基準とするという考え方をとった場合の例である。実務上は、「上記仮差押債権額」に代えて、具体的な金額を記載する取扱いもある。

(参考23) 債権仮差押決定例——第三債務者が複数の場合

平成○年(ト)第○号

仮差押決定

　　当事者の表示　　別紙当事者目録記載のとおり
　　請求債権の表示　　別紙請求債権目録記載のとおり
　上記当事者間の仮差押命令申立事件について，当裁判所は，債権者の申立てを相当と認め，債権者に下記方法による担保を立てさせて，次のとおり決定する。

　　　　　　　　　　　主　　　文
　債権者の債務者に対する上記請求債権の執行を保全するため，債務者の第三債務者らに対する別紙仮差押債権目録記載の各債権を仮に差し押さえる。
　第三債務者らは，債務者に対し，仮差押えに係る各債務の支払をしてはならない。
　債務者が，金○○○円を供託するときは，この決定の執行停止又はその執行処分の取消しを求めることができる。
　　　　平成○年○月○日
　　　　　　　　　　○○簡易裁判所
　　　　　　　　　　　　裁判官　　○　○　○　○
　　　　　　　　　　　　記
　　　　　　立担保の方法（○印をつけたもの）
① 　金○○万円の供託
２ 　株式会社　　　　　との間に，金　　万円を限度とする支払保証委託契約を締結する方法による担保
（別紙当事者目録，請求債権目録，仮差押債権目録省略）

（注）　仮差押解放金について、請求債権額と仮差押債権額の合計額とが同額の場合、請求債権額を引用して記載する例もある。

(B) 仮差押解放金

(a) 概　要

　仮差押決定を発令する場合には、**債務者**が、その**執行の停止**または**取消し**を求めるために供託すべき金銭の額を定めなければならないとされている（法22条１項）。

　仮差押えは、債権者の金銭債権を保全するためのものであるから、当該債権に相当する金銭が供託されれば、その目的を達成して、仮差押えの執行が不必要となると考えられる。一方、債務者も、金銭を供託することによって仮差押えを受けた財産に対する執行を解放し、財産の処分等を可能にするという利益がある。そこで、これらの利益を考慮して、仮差押えの目的物を金銭に差し替えることを認めた制度が**仮差押解放金**である。

(b) 仮差押解放金の決定の基準

　仮差押解放金の額は、請求債権額と目的物の価額のいずれか低いほうを基準に定めるという考え方が多いと思われる（もっとも、この場合でも、請求債権額を基準としたうえで、目的物価額が低額な場合には、これによるという考え方と、目的物価額を基準としたうえで、目的物価額が請求債権額を超える場合には、超過差押えとの関係で、請求債権額を超えないようにするという考え方がある）。なお、仮差押債権が金銭債権の場合、請求債権額を超える範囲での仮差押えを認めていないこともあり、請求債権額と仮差押債権額とを同額とする申立てが一般的であると考えられることから、簡易裁判所においては、双方の金額を比較する場面は、原則としてないものと思われる。

(c) 仮差押解放金の供託とその後の手続

　定められた仮差押解放金を債務者が供託した場合には、その供託書の正本を保全執行裁判所（債権仮差押えの場合には、保全命令を発令した裁判所が執行裁判所にもなる）に提示して供託した事実を証明する。供託は、仮差押命令の発令裁判所または保全執行裁判所の所在地を管轄する地方裁判所の管轄区域内の供託所にしなければならない（法22条２項）。供託された事実が証明されると、保全執行裁判所は、仮差押えの執行を停止、またはすでにされた執

行を取り消さなければならない（法51条1項。なお、この執行の取消しの決定は、即時に効力を生じる。同条2項）。解放金の制度は、仮差押決定そのものを取り消すのではなく、仮差押決定は存続させたうえで、その執行のみを取り消すものである。解放金が供託されると、仮差押えの効力は債務者の有する供託金取戻請求権の上に移行することになり、債権者は、供託金取戻請求権に対する債権執行の方法により権利行使をすることになる（なお、債権者は、解放金に対する還付請求権をもたないことにも留意されたい）。

（参考）　債権仮差押えにおいて、第三債務者がその仮差押えに係る金銭債権（全額）を供託することができるが（法50条5項で準用する民事執行法156条1項）、（参考16）および（参考18）を参照））、この供託は、第三債務者がする供託ではあるが、（実質的には、債務者による供託と同視できるとして）解放金の額の範囲内で債務者が解放金を供託したものとみなされる（法50条3項。このため、「みなし解放金」と呼ばれている）。この場合の仮差押えの執行の効力は、債務者の有する供託金還付請求権の上に移行することになる。

【書式8】　仮差押解放金の供託による債権仮差押執行取消申立書

平成〇年(ト)第〇号　債権仮差押命令申立事件

債権仮差押執行取消申立書

平成〇年〇月〇日

〇〇簡易裁判所　御中

　　　　　　　　　　申立人（債務者）　　〇　〇　〇　〇　㊞

　当事者の表示　　別紙当事者目録記載のとおり

　上記当事者間の頭書の事件について，申立人（債務者）は仮差押解放金を供託したので，別紙仮差押債権目録記載の債権に対してした執行は取り消されたい。なお，本件仮差押えは本執行に移行しておりません。

（別紙仮差押債権目録省略）

第2章　債権仮差押え

```
                    当事者目録
〒000-0000　　○○県○○市○○2丁目3番4号
                    申立人（債務者）　　賤ヶ岳　槍　夫
〒000-0000　　○○県○○市○○1丁目2番3号
                    被申立人（債権者）　　琵琶湖　鱒　郎
〒000-0000　　○○県○○市○○2丁目3番4号
                    第　三　債　務　者　　株式会社近江八景
                    代表者代表取締役　　長　浜　鴨　子
```

（注）① 仮差押債権目録は、債権仮差押決定正本に添付したものと同じである。
　　　② 申立書には、仮差押決定正本、供託書正本およびその写しを添付する。

(参考24)　債権仮差押執行取消決定

```
平成○年㈹第○号　債権仮差押執行取消申立事件

                    決　　　　定

　当事者の表示　　別紙当事者目録記載のとおり
　上記当事者間の当庁平成○年㈫第○号債権仮差押命令申立事件について，当
裁判所が平成○年○月○日にした仮差押決定に基づく仮差押えの執行に対し，
申立人（債務者）は同決定において定められた仮差押解放金○○万円を供託し
て，その執行の取消しを申し立てた。当裁判所は，この申立てを相当と認め，
次のとおり決定する。

                    主　　　　文

　上記仮差押決定に基づく別紙仮差押債権目録記載の債権に対する仮差押えの
執行を取り消す。
                    平成○年○月○日
                        ○○簡易裁判所
                        裁判官　○　○　○　○　㊞

（別紙当事者目録，仮差押債権目録省略）
```

(参考25)　第三債務者に対する執行取消通知書

> 平成○年㈹第○号　債権仮差押執行取消申立事件
> （基本事件：平成○年㈵第○号　債権仮差押命令申立事件）
>
>
>
> ### 執行取消通知書
>
>
>
> 第三債務者　○○○○　殿
> 　　　　　　　　　平成○年○月○日
> 　　　　　　　　　　○○簡易裁判所
> 　　　　　　　　　　　裁判所書記官　○　○　○　○　㊞
> 　　当事者の表示　　別紙当事者目録記載のとおり
> 　上記当事者間の頭書の事件について，平成○年○月○日，別紙仮差押債権目録記載の債権に対する執行が取り消され，本件の仮差押えの効力は消滅しましたので，その旨通知します。
> （別紙当事者目録，仮差押債権目録省略）

(5) 仮差押決定の送達

仮差押決定は、当事者に**送達**しなければならないとされている（法17条）。

(A) 債務者への送達

保全執行は、保全命令手続の密行性の要請から、保全命令（仮差押決定）が債務者に送達される前であっても行うことができるとされている（法43条3項）。そこで、実務上、債務者への送達については、**保全執行終了後**（第三債務者への送達完了後）に発送する取扱いがされている。

(B) 債権者への送達

債権者については、送達に代えて、債権者が提出する**請書**（**受領書**）と引替えに仮差押決定正本を**交付**する方式をとっている実務例が多いと思われる（講義案36頁）。

保全命令は債権者に送達された日から2週間（初日不算入）を経過したときは、保全執行をしてはならないとされているから、ここでの送達が、保全執行期間の始期となる（法43条2項）。

【書式9】 請書（受領書）

```
平成○年(ト)第○号　債権仮差押命令申立事件
債 権 者　　○　○　○　○
債 務 者　　○　○　○　○
第三債務者　○　○　○　○

　　　　　　　　　請　　　書

　　　　　　　　　　　　　　　　　　　平成○年○月○日
○○簡易裁判所　御中
　　　　　　　　　　　　　債権者　　○　○　○　○　㊞
　頭書の事件について，債権者は，下記書類を受け取りました。
　　　　　　　　　　　　　記
　　仮差押決定正本　　1通
```

3　保全執行手続

(1) 執行手続の概要

　保全命令と**保全執行**とは，別の手続になるので，理論的には，債権仮差押命令の申立てとは別に仮差押決定の執行の申立てをしなければならないが，仮差押決定をした裁判所が執行機関になる債権仮差押えの場合には，命令と執行とが緊密な関係にあることを考慮して，仮差押命令の申立てに執行の申立ても含まれると考えられている。そこで、実務では、仮差押決定がされると、当然に執行手続が開始され、裁判所書記官による第三債務者に対する仮差押決定正本の送達がされることになる。

　なお、前記のとおり、保全執行の期間は、債権者に保全命令が送達された日から2週間以内に限定されているが、同期間内に保全執行に着手すればよく（債権仮差押えの場合には、第三債務者への仮差押決定正本を発送した時をもって執行の着手があったものと解されている）、執行を完了することまでは要求されていない。

また、前記のとおり、債権仮差押命令の申立てとともに第三債務者に対する陳述催告の申立てがされている場合には、裁判所書記官により、第三債務者に対する仮差押決定正本を送達する際に、催告書、陳述書用紙等が同封されることになる。

(2) 効力発生の時期

債権仮差押えの効力は、**仮差押決定正本**が**第三債務者**に**送達**された時に生じる（法50条5項で準用する民事執行法145条4項）。これによって**仮差押債権の処分制限効**が生じることになる。

(3) 第三債務者に対する仮差押決定正本が不送達となった場合の取扱い

(A) 「不在」を理由として返戻された場合

前記のとおり、債権仮差押えの場合には、第三債務者への仮差押決定正本を発送した時をもって執行の着手があったものとされ、執行を完了することまでは要求されていないから、債権者への仮差押決定正本送達後2週間を経過しても、再送達をすることは可能である。もっとも、裁判所書記官から債権者に対し、送達のための必要な調査を命ぜられたにもかかわらず、相当な期間内（書類等を取り寄せる時間等を考慮しても、1カ月程度が一応の目安になろう）に調査を終えられないような場合には、保全執行の緊急性という趣旨から、2週間の執行期間を徒過したものと認定され、仮差押命令申立ての取下げの促しがされることもあろう。

(B) 「あて所に尋ねあたらず」を理由として返戻された場合

この場合には、直ちに、執行不能にあたることになる。したがって、債権者が、自身に対する仮差押決定正本の送達を受けた後2週間以内（初日不算入）に新たな第三債務者に対する送達先を調査し、裁判所に送達先の上申をしない限り、仮差押決定の執行をすることができなくなる。そのため、仮差押命令申立ての取下げの促しがされることになる。

(4) 第三債務者による供託と事情届

第三債務者は、仮差押決定正本の送達を受けた場合には、仮差押えの効力により債務者への支払いが禁止される。もっとも、支払いが禁止されたまま、

仮差押えに係る金員を管理することは、第三債務者にとって負担でもあるから、第三債務者は、仮差押えに係る債権の全額に相当する金員を債務履行地の供託所に供託することができる（法50条5項で準用する民事執行法156条1項。この場合の供託は、「**権利供託**」と呼ばれている）。

また、仮差押えがされた金銭債権について、さらに差押え（差押命令・差押処分のいずれでもよい）がされ（逆の場合を含む）、仮差押えと差押えとが競合した場合には、第三債務者は必ず供託しなければならないとされている（法50条5項で準用する民事執行法156条2項。この場合の供託は、「**義務供託**」と呼ばれている）。なお、複数の仮差押えが競合しても、第三債務者に供託義務はなく、この場合の供託は権利供託である。

供託をした第三債務者は、**供託書正本**を添えて、**事情届**（（参考18）参照）を裁判所に提出する。提出先は、差押えと仮差押えが競合している場合には、その先後を問わず、差押えをした裁判所に、仮差押えが競合している場合には、先に送達された仮差押命令を発した裁判所に、それぞれ提出することになる。

4　保全命令申立ての取下げ

(1)　取下げの方式

保全命令の申立ての**取下げ**は、原則として、**書面**でしなければならない（規則4条1項）。第三債務者のうちの一部の者についての取下げも可能である。また、保全執行申立てだけを取り下げることは認められないと解されている（民事保全の実務437頁）。

債権仮差押えのように、仮差押決定をした裁判所が執行機関となる場合には、保全命令申立ての取下書には、保全執行の申立ての取下げの趣旨も含まれているものとみられることになるから、保全命令申立ての取下書には、執行取消しの範囲を明確にするという趣旨で、当事者の表示（当事者目録）、保全執行の対象物の表示（仮差押債権目録）が必要になるとされている。

【書式10】 保全命令申立ての取下書（債権）

> 平成○年(ト)第○号　債権仮差押命令申立事件
>
> 保全命令申立取下書
>
> 平成○年○月○日
>
> ○○簡易裁判所　御中
>
> 債権者　○　○　○　○　㊞
>
> 　当事者の表示　　別紙当事者目録記載のとおり
> 　上記当事者間の頭書の事件について，債権者は，別紙仮差押債権目録記載の債権につき，申立ての全部を取り下げます。
> （別紙当事者目録，仮差押債権目録省略）

(注)　①　保全命令の申立てに使用したものと同じ印鑑で押印する。
　　　②　当事者目録と仮差押債権目録は、債権仮差押命令申立書に添付したものと同じである。
　　　③　債務者、第三債務者に仮差押決定正本が送達された後は、それぞれに対する取下通知用の郵便切手（普通郵便料金に相当する切手）が必要になる。また、取下通知書に取下書副本を添付する取扱いもあり、この場合には、債務者と第三債務者の人数分の副本を提出することになる。
　　　④　一部取下げの場合には、取り下げる範囲を明確に表示する。

(2) 取下げの時期

　保全異議または保全取消しの申立てがあった後でも取下げができると考えられている（法18条参照）。民事保全手続が、すべて決定手続で行われ、また、暫定的なものであり、権利関係を最終的に確定するものでもないというのが、その理由である。

(3) 債務者の同意の要否

　保全命令の申立ての**取下げ**に債務者の**同意**は**不要**である。保全異議または保全取消しの申立てがあった後でも不要である（法18条）。

(4) 取下げの効果

　保全命令申立ての取下げにより、申立てによって生じていた効果がすべて

消滅する。もっとも、債権者が担保提供後に取り下げた場合、別途担保取消しなどの申立てが必要であり、直ちに担保の返還を受けることができるわけではないことにも留意されたい。

　保全命令の執行後に、保全命令申立ての取下げがあった場合には、前記のように、保全命令の申立ての取下げには、保全執行の申立ての取下げの趣旨も含まれているとみて、裁判所書記官が、第三債務者に対して保全執行の申立ての**取下通知**をすることになる（規則41条2項で準用する民事執行規則136条1項）。

　なお、いったん申立ての取下げをしても、同一の被保全権利および保全の必要性に基づいて再度の申立てをすることは可能である。もっとも、担保提供期間内に担保を立てることができなかった場合や執行不能により執行期間を徒過してしまったといった例外的な場合を除いては、実務上、再度の申立てがされることはないであろう。

（参考26）　第三債務者に対する取下通知書

```
平成○年(ト)第○号　債権仮差押命令申立事件
債 権 者　　○　○　○
債 務 者　　○　○　○
第三債務者　○　○　○

                    取下通知書

第三債務者　○○○○　殿
                    平成○年○月○日
                    ○○簡易裁判所
                        裁判所書記官　○　○　○　○　㊞

　頭書の事件について、平成○年○月○日、債権者から保全執行の申立ての取下げがあり、本件の仮差押えの効力は消滅しましたので、その旨通知します。
```

(5)　相手方に対する取下げの通知

　裁判所書記官は、保全命令の送達等を受けた債務者に対し、取り下げられ

た旨の通知をしなければならないとされている（規則4条2項）。

(参考27) 債務者に対する取下通知書

平成○年(ト)第○号　債権仮差押命令申立事件
債　権　者　　○　○　○　○
債　務　者　　○　○　○　○
第三債務者　　○　○　○　○

取下通知書

債務者　○○○○　殿
　　　　　　　　　　平成○年○月○日
　　　　　　　　　　○○簡易裁判所
　　　　　　　　　　　裁判所書記官　○　○　○　○　㊞
　頭書の事件について，平成○年○月○日，債権者から保全命令申立ての取下げがありましたので，その旨通知します。

第3章

不動産仮差押え

第3章で扱う手続の流れ

```
管轄の確認

申立書の提出

1　申立書の作成
 (1)　申立書の本体部分
  ①　事件の表示
  ②　申立年月日
  ③　裁判所の表示
  ④　申立人または代理人の記名押印
  ⑤　当事者の表示――別紙目録として引用
  ⑥　請求債権の表示――別紙目録として引用
  ⑦　申立ての趣旨
  ⑧　申立ての理由――ⓐ　被保全権利
　　　　　　　　　　 ⓑ　保全の必要性
 (2)　当事者目録
  ※　債権者および債務者の表示
 (3)　請求債権目録
  ①　請求債権の特定
  ②　利息・遅延損害金の計算方法
 (4)　物件目録
  ①　仮差押えの対象となる不動産の特定
  ②　債務者の所有する不動産であること
  ③　超過差押えに注意
 (5)　疎明方法の提示

2　必要書類等
 ①　資格証明書
 ②　不動産登記事項証明書・固定資産評価証明書
```

債権者
　被保全権利・保全の必要性を検討し、保全命令の申立てをするか否かを検討する。
　↓
　申立書を作成する。
※　必要書類・疎明書類等を準備する。

③ 申立手数料（収入印紙） ④ 郵便切手 ⑤ 登録免許税（収入印紙） ⑥ 当事者目録・請求債権目録・物件目録の写し（原則——各3部） ⑦ 登記嘱託用の物件目録，登記権利者・義務者目録（原則——各2部） ⑧ 疎明書類	

申立書の受付
- 事件簿に登載
- 記録符号は「ト」である。
- 必要に応じて任意の補正の促し

債権者
　申立書を裁判所に提出する。
※　管轄に注意する。

申立書の審査
- 書面による審理が中心
  ① 必要的記載事項の審査
  ② 申立ての要件の審査
    ⓐ　形式的要件——訴訟要件
    ⓑ　実体的要件——被保全権利および保全の必要性

※　必要に応じて、任意補正・疎明書類の追完をする。

担保
- 担保決定
  ※　担保額と提供期間が定められる。

債権者
　担保決定に応じて供託等を行う。
↓
　担保提供期間内に供託書正本等を裁判所に提出する。

仮差押決定
- 仮差押解放金が定められる。
↓
- 仮差押決定の送達

ⓐ　債務者への送達——仮差押の登記完了後
　　　ⓑ　債権者への送達——請書（受領書）と引替えに交付
　○　保全執行——仮差押えの登記嘱託
　　　↓
　登記完了後、登記事項証明書が裁判所に送付される。

〜〜〜〜〜〜〜〜〜〜〜〜〜〜〜〜〜〜〜〜〜〜〜〜〜〜〜〜〜〜〜〜〜〜
(本章のはじめに)
　本章については、利用の便宜を考慮して、なるべく独立した章として利用できるように記載した。このため、第2章の債権仮差押えの説明と重なる箇所があることをご了解いただきたい。
〜〜〜〜〜〜〜〜〜〜〜〜〜〜〜〜〜〜〜〜〜〜〜〜〜〜〜〜〜〜〜〜〜〜

1　申立て

(1)　管　轄

(A)　簡易裁判所に管轄が認められる場合

　簡易裁判所に**管轄**が認められるのは、当該簡易裁判所が**本案訴訟**（保全される債権の存否を確定する判決手続）の**管轄裁判所**となる場合であり（法12条1項）、債権仮差押えの場合と同様である。

(B)　管轄が認められない場合

　管轄のない裁判所に保全命令の申立てがされた場合は、管轄違いとして管轄裁判所に移送されることになる（法7条、民訴法16条1項）こと、その場合の具体的な取扱いも、債権仮差押えの場合と同様である。

(2)　申立書の記載事項

(A)　申立書の構成等

　保全命令の申立ては、書面によることが必要である（規則1条1号、【書式11】を参照）。**申立書**は、①**申立書の本体部分**（【書式11】の1枚目）、②**当事者目録**、③**請求債権目録**、④**物件目録**から構成されるのが一般的である。

【書式11】　不動産仮差押命令申立書

```
　　　　　　　　　不動産仮差押命令申立書　　　┌─────┐
　　　　　　　　　　　　　　　　　　　　　　　│収入印紙　│
　　　　　　　　　　　　　　平成○年○月○日　│2000円　│
　　　　　　　　　　　　　　　　　　　　　　　└─────┘
○○簡易裁判所　御中
　　　　　　　　　債権者　琵琶湖鱒郎　㊞
```

電　話　000－000－0000
ＦＡＸ　000－000－0000

当事者の表示　別紙当事者目録記載のとおり
請求債権の表示　別紙請求債権目録記載のとおり

申立ての趣旨

　債権者の債務者に対する上記請求債権の執行を保全するため，債務者所有の別紙物件目録記載の不動産は，仮に差し押さえる。
との裁判を求める。

申立ての理由

1　被保全権利
　(1)　債権者は，債務者に対し，平成○年○月○日，50万円を次の約定で貸し付けた（甲1）。
　　ア　支払方法　平成○年○月から平成○年○月まで毎月○日限り5万円を支払う。
　　イ　期限の利益喪失　上記分割金の支払を1回でも怠ったときは，債務者は当然に上記期限の利益を失う。
　(2)　債務者は，平成○年○月分から平成○年○月分までの合計20万円は期限通りに支払ったものの，その後，平成○年○月○日の支払を怠ったので，上記約定により期限の利益を喪失した（甲2，4）。
　(3)　よって，債権者は，債務者に対し，30万円の貸金返還請求権を有している。
2　保全の必要性
　(1)　債権者は，債務者に対し，書面により残債務の支払を催促したが（甲3），債務者からは，何ら応答がなかった。また，債権者は，債務者宅を訪ね，履行の意思を確認したところ，債務者は，他にも多額の債務を抱えており，本件の債務についても返済の目処が立っていないということであった（甲4）。
　(2)　債務者は，株式会社○○に勤務していたものであるが，最近同社を辞め，現在は不定期のアルバイトで生計を立てているようである（甲4）。債務者は，住所地に不動産を所有しているが（甲5，6），これまでの債務者の対応や資産状況等からみて，いつ上記不動産を処分するか，わからない

状況である（甲4）。
(3) 債権者は，債務者に対し，本案訴訟を提起するため，準備をしているところであるが，債権者が後日本案訴訟において勝訴判決を得ても，その執行は不能あるいは著しく困難となるので，執行保全のため，本申立てに及ぶものである。

疎 明 方 法

甲1　金銭消費貸借契約証書
甲2　預金通帳
甲3　催告書控え
甲4　報告書
甲5　不動産登記事項証明書（建物）
甲6　不動産登記事項証明書（土地）

添 付 書 類

甲号証　　　各1通

当事者目録

〒000-0000　　○○県○○市○○1丁目2番3号（送達場所）
　　　　　　　　　　　債　権　者　琵琶湖　鱒　郎
〒000-0000　　○○県○○市○○2丁目3番4号
　　　　　　　　　　　債　務　者　賤ヶ岳　檜　夫

請求債権目録

金30万円
　ただし，債権者が債務者に対し，平成○年○月○日に貸し付けた30万円の貸金返還請求権（貸付金50万円から既払金20万円を差し引いた残金）

第3章　不動産仮差押え

物　件　目　録

1　所　　　在　　○○県○○市○○
　　地　　　番　　○○番
　　地　　　目　　宅地
　　地　　　積　　○○平方メートル
2　所　　　在　　○○県○○市△△○○番地
　　家　屋　番　号　○○番
　　種　　　類　　居宅
　　構　　　造　　木造○○葺2階建
　　床　面　積　　1階　○○.○○平方メートル
　　　　　　　　　2階　○○.○○平方メートル
以上，所有者賤ヶ岳槍夫

(B)　申立書の本体部分

　申立書の本体部分の記載事項は、次のとおりである。なお、記載事項の根拠規定は、規則13条、18条のほか、規則6条により、民訴規則2条等が準用される。なお、「実務ノート――個別申立ての原則」(12頁)も参照されたい。

① 事件の表示（民訴規則2条1項2号）

　事件の標題として「**不動産仮差押命令申立書**」と記載する。

② 申立年月日（民訴規則2条1項4号）

　簡易裁判所の窓口で提出する場合には提出日を、郵便による場合には、発送日を記載する。

　また、ここで記載する日が、遅延損害金等の計算の終期としての意味をもつことになる（後記、請求債権目録の説明を参照されたい）。

③ 裁判所の表示（民訴規則2条1項5号）

　申立てをする簡易裁判所を「○○簡易裁判所　御中」などと記載する。

④ 申立人または代理人の記名押印（民訴規則2条本文）

　押印は、認印で足りる。なお、ここで使用した印鑑を以後も引き続き

使用するのが相当である。

⑤　債権者または代理人の郵便番号、電話番号、ファクシミリ番号（民訴規則53条4項）

郵便番号は、住所とともに記載することから、当事者目録のほうに記載している（【書式11】参考）。なお、電話番号、ファクシミリ番号についても、当事者目録のほうに記載してもよいと思われるが、当事者目録が仮差押決定に利用されることも考慮して、本体部分のほうに記載した。

⑥　当事者の表示（規則13条1項1号）

仮差押決定に利用されることを考慮して、実務では、別紙として「**当事者目録**」などといった標題を付けて記載している。

⑦　請求債権の表示

実務上、どのような権利を保全するための申立てであるのかが、申立書の冒頭でわかるように記載されている（講義案7頁参照）。当事者の表示と同様に、仮差押決定に利用されることから、別紙として「**請求債権目録**」などといった標題を付けて記載している。

⑧　申立ての趣旨（法13条1項、規則13条1項2号、19条）

保全命令の申立てには、**申立ての趣旨**を明らかにしなければならないとされている。申立ての趣旨は、**仮差押命令の主文**に相当するものとして、具体的には、**請求する債権**と**仮に差し押さえる物**を特定（法21条、規則19条1項）したうえで、仮に差し押さえる旨を記載することになる。実務上、**請求する債権**は、**請求債権目録**を引用し、**仮に差し押さえる物**は、別紙として「**物件目録**」という標題を付けて記載したうえで、引用するのが通例である。

なお、仮差押命令の主文には、**仮差押解放金**（仮差押えの執行の停止またはすでにされた執行の取消しを得るため、債務者が供託すべき金銭のこと）について定めなければならないとされているが（法22条）、これは、裁判所が職権で定めなければならないものであるから、申立ての趣旨で記載する必要はない。

⑨ 申立ての理由

　保全命令の申立てに際しては、前記の申立ての趣旨に加えて、保全すべき権利または権利関係（実務上、「**被保全権利**」と呼ばれている）および**保全の必要性**を明らかにしなければならないとされている（法13条1項）。この**被保全権利**と**保全の必要性**とをあわせて「**申立ての理由**」と呼ばれる。申立ての趣旨記載の事項を求める原因となるものであり、本案訴訟における請求の原因に対応するものではあるが、記載しなければならない事項は、請求の原因よりも広い範囲である。

ⓐ　被保全権利

　仮差押えの**被保全権利**は、金銭の支払いを目的とする債権であり、かつ、強制執行ができる債権であることを要するが（法20条1項）、条件付きまたは期限付き債権でもよい（同条2項）。また、将来債権でもよく、同時履行の抗弁権が付着している場合や、対抗要件が備わっていない場合でもよいとされているが（民事保全の実務31頁参照）、簡易裁判所に申し立てられる被保全権利は、基本的に、履行期が到来するなどして、直ちに、支払いを求められる債権である。

　請求債権が数千円といった少額の場合でも、金額の点だけで被保全権利として否定されるわけではないが、この場合には、保全の必要性が問題になろう。特に、不動産の仮差押えにおいて、請求債権額に比べて仮差押えの目的不動産の価額が過大となる場合には、仮差押えの必要性との関係で、仮差押えの可否が問題となる。

　被保全権利の記載にあたっては、他の債権と**識別できる程度**に、これを**特定する事実**を記載する。具体的には、**債権の発生時期**（年月日）、貸金債権や売買代金債権といった**債権の種類**、**債権の内容**、**金額**（利息または遅延損害金についても請求するときは、申立ての日までに限定して計算する。これは、解放金の額を確定させる意味合いもある）を特定して記載することになる。たとえば、売買代金債権の場合には、債権者の債務者に対する平成〇年〇月〇日付けの売買というだけでは、

不十分であり、売買の目的物と金額も記載する必要がある。

　被保全権利が複数ある場合には、それぞれの請求債権を特定して記載する。なお、請求債権額を目的不動産の価額と一致させる必要はないから、被保全債権額全額を記載すれば足りる（もっとも、実務上は、仮差押えの登記手続に必要となる登録免許税との関係で内金請求にしている例もないわけではない）。

　また、主債務者と連帯保証人を債務者として仮差押えの申立てをする場合には、各債務者ごとに請求債権を特定しなければならないが、被保全債権額全額が、それぞれの債務者に対する請求債権額として認められるから、目的物の価額に応じて、被保全債権額を債務者ごとに振り分ける必要はない。

　以上の点は、請求債権目録のほうも同様である。

　これに加えて、被保全権利の記載にあたっては、**請求を理由づける被保全権利の要件事実**を網羅し、また、これを**基礎づける重要な間接事実**、容易に予想される**債務者の抗弁**（弁済、消滅時効等）に対する反論等についても記載することになる。これは、**書面審理**を中心とする仮差押えの特質に基づくものである。

　なお、「実務ノート――被保全権利と請求債権目録の記載事項」（16頁）、「実務ノート――被保全権利の留意点」（17頁）も参照されたい。

ⓑ　保全の必要性

　仮差押えをせず、債務者の財産を現状のままにしておいては、後日本案訴訟で勝訴判決を得ても、強制執行をすることができなくなるおそれがあるとき、または強制執行をするのに著しい困難を生じるおそれがあるとき（法20条1項）に**保全の必要性**が認められる。

　具体的には、債務者の仮差押えの対象不動産以外の**資産**や**負債の状況**、**職業の有無**（自営の場合には、営業状態）、債権者による**支払いの催告の有無**とこれに対する**債務者**の応答状況、その他の事情により、債務者が自身の財産を隠匿、廉売、放棄する等して、債権者が、強制

執行により債権の満足が得られない状態に至ることが客観的に予想されるものであることを、具体的な事実をあげて主張しなければならない（単に、対象となる不動産以外にみるべき資産はないという主張だけでは足りない）。たとえば、債権者に任意整理の通知がされたことや債務者が財産の一部について処分したといったことは、保全の必要性を推認させる事実であるが（その一方で、任意整理が順調に進んでいるということは保全の必要性を否定する方向に働く事実であるということにも留意が必要である）、単に、債権者への支払いを1回拒否したというだけでは、保全の必要性があるとまではいえず、たとえば、特に説明もないまま、ある程度の期間にわたって支払いを拒絶し続けている場合、他の同様な債権者に対しても、特別な理由もなく、支払いを拒否しており、仕事もあまりしているようにはみえない、あるいは、債務者と連絡がとれなくなっている、などといった債務者の責任財産の減少や強制執行に対する事実上の障害が生じるおそれにつながるような事情でなければならない。もっとも、このような事情は、債権者として通常調査できる範囲によって知りうる事情で足りる。

なお、「実務ノート——保全の必要性に関する個別の留意事項」（18頁）のうち、ⅢないしⅤについても参照されたい。

(C) **当事者目録**

前記のとおり、仮差押決定に利用されることから、別紙として記載されている。

(a) **債権者および債務者の表示**

当事者目録には、**当事者**（申立人を債権者、相手方を債務者として記載する）の**氏名**または**名称**および**住所**、並びに**代理人**（法定代理人、法人の代表者を含む）の**氏名**および**住所**を記載する（規則13条1項1号）。

個人の場合には、住民票上の住所と氏名を、法人であれば、登記事項証明書の本店の所在地、商号、代表者名を記載する。また、住民票上の住所と不動産登記記録上の住所とが異なっている場合には、不動産登記記録上の住所

も併記する。

債権者については、住所の記載とともに送達を受けるべき場所を「(送達場所)」と表記する(民訴規則41条1項・2項、【書式11】を参照)。

> **実務ノート──債務者の表示**
>
> 　債務者の氏名および住所について、現在の氏名および住所と不動産登記事項証明書に記載された氏名および住所とが一致しない場合がある。このような場合、その同一性について確認できる住民票等の公的な資料を提出する必要がある。また、当事者目録のほうには、現在の氏名および住所に加えて、不動産登記事項証明書上の氏名および住所についても併記する取扱いが多い。
> 　なお、登記嘱託に必要となる「**登記権利者・義務者目録**」についても、申立書とともに提出する必要があるが、この債務者の住所および氏名は、登記事項証明書上の氏名および住所だけを記載する。登記嘱託書兼登記原因証明書と登記事項証明書の氏名および住所が一致しない場合には、登記嘱託が却下されるためである(不動産登記法16条2項、25条7号)。

(参考28)　登記権利者・義務者目録の記載例

```
              登記権利者・義務者目録

    ○○県○○市○○1丁目2番3号
            登記権利者　琵琶湖　鱒　郎
    ○○県○○市○○3丁目4番5号
            登記義務者　賤ヶ岳　檜　夫
```

(注)　参考までに、「登記権利者・義務者目録」と対比する形で「当事者目録」を記載すると、次のとおりである。

```
                  当事者目録

〒000-0000　○○県○○市○○1丁目2番3号(送達場所)
            債　権　者　琵琶湖　鱒　郎
```

〒000-0000　○○県○○市○○2丁目3番4号
　　　不動産登記記録上の住所　○○県○○市○○3丁目4番5号
　　　　　　　　　　債　務　者　賤ヶ岳　槍　夫

(b)　**代理人の表示**

　債権者が**代理人**によって申立てをする場合には、その代理人を表示しなければならない。代理人には、**法定代理人**および**訴訟代理人**の双方を含む。訴訟代理人による申立ては、民訴法54条1項本文による場合もしくは認定を受けた司法書士の場合に認められる（なお、司法書士が代理人の場合には、請求の価額が140万円を超えていないか、申立てに際して留意が必要である。司法書士法3条1項6号ハ参照。また、認定司法書士の保全命令申立てについては、代理権を有することを明らかにするため、申立書に、本案の訴訟の目的の価額を記載するのが相当である。記載する場所は、適宜の場所でよいと思われるが、「申立ての趣旨」の直前に「本案訴訟の目的の価額」という標題を付して記載するのがわかりやすいと思われる）。

　このほかにも、裁判所の許可を受けて、代理人となることもできるが（民訴法54条1項ただし書）、簡易裁判所における保全命令の審理が書面中心であることから、代理人を選任する実益に乏しいこともあり、実務上、許可代理人申請がされる例はあまりないと思われる。

　　(D)　**請求債権目録**

(a)　**請求債権の特定**

　請求債権の記載事項は、**他の債権**と**識別**できる程度に記載するということで、**被保全権利**の**特定要素**と基本的に同じである。ここでの請求債権の記載内容は、本案訴訟における訴訟物との同一性との関係で問題となり、後に本執行移行の可否や担保取消しといった場面でもかかわってくるので、正確に記載することが必要である。

　実務では、請求債権目録の冒頭に「金○○円」と記載したうえで、ただし書で請求債権を特定する事項を記載するのが通例である（《参考3》ないし

(参考7）の記載例を参照されたい）。

　(b)　利息・遅延損害金の計算方法

　利息・遅延損害金は、申立日までの金額を計算して、（判決と異なり支払済みまでとすることなく）確定した金額で請求するのが実務の取扱いである。貸金債権における利息の起算日は、貸付日であり（最判昭和33・6・6民集12巻9号1373頁参照）、終期は弁済期限の日（または期限の利益喪失日）である。遅延損害金は、弁済期限（または期限の利益喪失日）の翌日から起算し、前記のとおり、申立日を終期として計算する。円未満の端数が出る場合には、切り捨てる。

　なお、保全命令手続の迅速性や暫定性を重視して、元金部分だけを対象として申し立てる例も多いと思われる。

　(E)　物件目録

　仮差押えの対象となる**不動産**が債務者の**所有**に属することは、（疎明事項ではなく）**証明事項**である（東京高決平成3・11・18判時1443号63頁・判タ821号250頁）。通常は、不動産登記事項証明書により証明することになる。

　(a)　**仮差押えの対象となる不動産の特定**

　不動産の登記がされているときは、不動産登記事項証明書に従って記載する。なお、区分所有建物については、専有部分とその敷地利用権とを分離して処分することができないのが原則であるため、専有部分だけを仮差押えの対象とすることはできない。

　未登記の不動産でも仮差押えをすることができるが、この場合には、仮差押えによる登記嘱託に際して、表示の登記および債務者の所有権保存の登記をする必要があることから（不動産登記法75条、76条2項・3項。なお、これらの登記は、仮差押えの登記をする前提として、職権により登記官が行うことになる）、当該不動産が債務者の所有に属することを書面（固定資産評価証明書、建築確認通知書、請負契約書等）により証明するとともに、土地の測量図および所在図、建物の図面および各階平面図によって不動産の特定をしなければならない（規則20条1号ロ）。

第3章　不動産仮差押え

　一筆の土地の一部に対する仮差押えは認められない。一筆の土地が共有となっている場合に、共有持分について仮差押えをすることはできる。なお、この場合には、物件目録の末尾に「上記物件のうち、共有者○○の共有持分○分の1」などと記載して、共有持分権者を特定する。

(参考29)　物件目録の記載例──区分所有建物の場合

物　件　目　録

（一棟の建物の表示）
　　所　　　　在　　○○区○○1丁目2番地3
　　建物の名称　　○○ハイム
　　構　　　　造　　鉄筋コンクリート造陸屋根地下1階付4階建
（敷地権の目的である土地の表示）
　　土地の符号　　1
　　所在及び地番　○○区○○1丁目2番3
　　地　　　　目　　宅地
　　地　　　　積　　○○○○.○○平方メートル
（専有部分の建物の表示）
　　家屋番号　　　○○区○○1丁目2番3の111
　　建物の名称　　111号
　　種　　　　類　　居宅
　　構　　　　造　　鉄筋コンクリート造1階建
　　床　面　積　　1階部分　○○.○○平方メートル
（敷地権の表示）
　　土地の符号　　1
　　敷地権の種類　所有権
　　敷地権の割合　○○○○○○分の○○○○
以上、共有者○○○○の共有持分10分の7

（注）　この記載例は、不動産登記事項証明書の記載順に従ったものである。もっとも、実務上は、「一棟の建物の表示」、「専有部分の建物の表示」、「敷地権の表示」の順に記載する例のほうが多い（民事保全の実務163頁参照）。

(b) **超過差押えの禁止**

　被保全債権の額を超える不動産についての仮差押えは、保全の必要性の観点から、原則として許されない。仮差押えが被保全権利の保全を目的とするものだからである。そのため、複数の不動産について仮差押えの申立てをする場合には、**不動産の価額**と**請求債権額**とを比較し、不動産の価額が請求債権額を上回る場合には、請求債権額を上回る不動産については、原則として、**保全の必要性**がないということになる。たとえば、請求債権額100万円で、A不動産とB不動産（価額をそれぞれ100万円とする）を仮差押えしようとしても、100万円の被保全権利であれば、100万円の価額の不動産だけを仮差押えすれば足りることになるから、A・Bどちらかの不動産を対象として仮差押えを申し立てればよいことになる。

　不動産の価額を算定するにあたっては、当該不動産について鑑定が行われている場合には、それによればよいが、現実には、価額が明らかでない場合が多いと思われる。そこで、実務では、客観的な資料である**固定資産評価証明書**の**評価額**を前提として、この金額から**不動産登記事項証明書**の**担保額**を控除した金額を**目的物の価額**とみて、超過にあたるか否かの判断をしている。

　なお、建物だけを仮差押えの対象とする場合には、固定資産評価額に敷地利用権の価額を加算することになるし、地上建物がある土地だけを対象とする場合には、敷地利用権の価額を控除することなる（このため、建物だけを仮差押えの対象とする場合でも、敷地部分の不動産登記事項証明書と固定資産評価証明書が必要となるし、土地だけを対象とする場合でも、更地か否かを明らかにする資料が必要となる）。

　また、実務上は、固定資産評価額から担保額を控除すると、マイナスとなるケースも多い。実務では、このような場合を**オーバーローン**と呼んでいる。オーバーローンにあたる場合、不動産の価額をゼロと評価するのではなく、請求債権額を不動産の価額と擬制したうえで、超過の判断をするという考え方と、債権者に（固定資産評価額を上限として）当該不動産にいくらの余剰価値があるのかを上申してもらい、これを基に超過の判断をするという考え方

がある（もっとも、後者の考え方をとったとしても、請求債権額と同額の余剰価値があるとして上申される例が一般的であろうから、どちらの考え方をとるかによって差が出ることはほとんどないといわれている）。

【書式12】　上申書──不動産価額

平成○年(ト)第○号　不動産仮差押命令申立事件
債権者　　○　　○　　○　　○
債務者　　○　　○　　○　　○

上　申　書

平成○年○月○日

○○簡易裁判所　御中

債権者　　○　　○　　○　　○　㊞

　頭書の事件について、申立書の別紙物件目録記載の不動産の価格（剰余価値）は、次の金額であると思料します。
　金○○万○○○○円

以　上

（注）　オーバーローンにおける価額算定について、上申書方式によった場合の記載例である。

実務ノート──仮差押えの対象とする不動産が請求債権額を上回る場合

　対象不動産が複数の場合には、前記のように請求債権額に見合う不動産だけを対象とすれば足りるから、過大となる部分の申立てについては、取下げの促しがされることになる。
　問題は、対象不動産が1個の場合であるが、この場合には、債務者がそれなりの資力を有していることから、**保全の必要性**の審査も慎重にされることになる。このため、債権者としては、他に適当な価額の財産がないことや対象不動産が処分される可能性等につき、具体的な事情を疎明する必要があろう。

> **実務ノート──主債務者と連帯保証人を債務者とする不動産仮差押えの申立ての留意事項**
>
> Ⅰ 主債務者と連帯保証人を債務者として、それぞれの不動産について仮差押えの申立てをする場合で、かつ、対象となる不動産がいずれもオーバーローンにあたり、請求債権額と同額の不動産の価額があると判断された場合を前提とすると、主債務者に対する仮差押えによって被保全権利に見合う価額の不動産を押さえたことになるから、このままでは、連帯保証人に対しては、保全の必要性が認められないことになる。そこで、債権者としては、主債務者だけを対象として仮差押えの申立てをするか、どうしても、双方について仮差押えをする必要があるという場合には、主債務者・連帯保証人それぞれについて、どの程度の余剰価値があるのかを上申し、主債務者について担保できない範囲で、連帯保証人について保全の必要性を認めてもらうことが考えられる。
>
> Ⅱ 主債務者と連帯保証人がいる場合の申立ての考え方（まとめ）
> ⅰ 主債務者と連帯保証人双方を債務者とする場合
>   主債務者だけで満足を受けられる場合には、連帯保証人に対する申立てにつき取下げの促しがされる。
> ⅱ 連帯保証人だけを債務者とする場合
>   主債務者の資産状況に関する疎明が必要である。その結果、主債務者の資産によって満足を受けられる場合には、本申立ての取下げの促しと主債務者に対する申立ての促しがされる。

(3) 疎明方法の提示

債権者は、**被保全権利**および**保全の必要性**について**疎明**しなければならない（法13条2項）。**疎明**とは、**即時に取り調べることの**できる**証拠**（民訴法188条）によって、**一応真実らしい**と思われる程度に証明すれば足りるとする**立証方法**のことである。疎明は、即時に取り調べることができるものに限られているから、**疎明**の**方法**としては、**書証**（文書による取調べ）が中心となる。

実務上、**被保全権利**を**疎明**する資料としては、**契約書**、**請求書**、**領収書**、**計算書**といった書証が、**保全の必要性**を**疎明**する資料としては、**登記事項証明書**、支払いを催促する**内容証明郵便**、**配達証明書**、債務者からの**回答書**、

具体的な事実を記載した**報告書**や**陳述書**等である。

また、申立書の申立ての理由中において、**立証を要する事由**（**主要事実**）ごとに、それに対応する**証拠**（**疎明資料**）を記載しなければならない（規則13条2項）。

なお、「実務ノート──疎明資料の留意点」（40頁）についても参照されたい。

(4) 添付書類等

仮差押命令の申立てに際して必要となる書類としては、次のようなものがあげられる。

(A) 資格証明書

債権者、債務者について、いずれかが法人の場合には、申立日から一定期間以内（1カ月程度以内が一応の目安となろう）の法人登記の登記事項証明書が必要になる。

(B) 不動産登記事項証明書・固定資産評価証明書

仮差押えの対象となる**不動産**について、申立日から一定期間以内（1カ月程度以内が一応の目安となろう）の**登記事項証明書**および（当該年度の）**固定資産評価証明書**が必要になる。このほか、対象不動産が建物だけの場合には、敷地部分の登記事項証明書および固定資産評価証明書が必要になるなど、対象不動産に応じて、登記事項証明書等が必要になる。

(C) 申立手数料（収入印紙）

請求の価額にかかわらず、**申立手数料**は、1件2000円である（民事訴訟費用等に関する法律3条1項、別表第1・11の2ロ）。

なお、「実務ノート──仮差押命令申立事件における申立手数料」（41頁）についても参照されたい。

(D) 郵便切手

各裁判所によって若干の違いがあると思われるので、申立てに際して、確認のうえ、事前に準備しておいたほうがよいであろう。

(E) 登録免許税（収入印紙）

仮差押決定がされた場合の仮差押登記の嘱託の際に必要となるものである。したがって、申立て時に必要となるものではなく、実務上は、債権者が供託書正本を提出する際や債権者が仮差押決定正本の交付を受ける際に提出する取扱いも多いと思われる。

必要となる**登録免許税額**は、**請求債権額**（1000円未満切捨て。国税通則法118条1項）の1000分の4（登録免許税法9条、別表第1・1(5)）である（100円未満切捨て。国税通則法119条1項）。なお、前記計算の結果、登録免許税額が1000円未満となる場合には、税額は1000円となる（登録免許税法19条）。また、登録免許税の納付方法は、実務上は、**印紙納付**の**方法**（登録免許税額に相当する金額の収入印紙を嘱託書に貼付して行う方法）がとられている。

(F) 当事者目録、請求債権目録および物件目録の写し

実務上、仮差押決定を迅速に作成するために、これらの書面の写しの提出を求めている。必要部数は、当事者（債権者・債務者）の数プラス1となるので、原則は各3部を提出することになる。また、このほかに登記嘱託用の物件目録と登記権利者・義務者目録（(参考28)参照）が、各2部必要となる。

(G) 疎明書類の原本および写し

(a) **疎明書類の分類**

契約書、請求書、債務者の支払状況報告書、陳述書、報告書等の疎明書類は、被保全権利（契約書、請求書等）と保全の必要性（陳述書、報告書等）に分類し、申立ての理由中の被保全権利および保全の必要性の記載の順に従って、甲1から順次番号を付する。

なお、申立ての理由を記載するにあたっては、立証を要する事由ごとに証拠を記載しなければならないから（規則13条2項）、申立ての理由中の記載事項と対応するように証拠の番号を付記する。

(b) **疎明書類の提出**

疎明書類は、裁判官との面接を実施している簡易裁判所に申立てをする場合は、写し（1部）を提出し、原本は、面接の際、裁判官に確認してもらう

ことで足りるが、面接を実施していない簡易裁判所に申立てをする場合には、原本と写しを提出し、裁判官が原本と写しを照合した後、債権者に返還される。

　(H)　その他の必要書類
　(a)　**住民票**
　住所の移転等により、契約書等、疎明書類記載の住所と申立書記載の住所とが異なっている場合には、そのつながりがわかる住民票等を提出する。なお、住民票は、マイナンバーの記載がないものを提出する。
　(b)　**代理人の委任状**
　保全事件の委任がされていること、当事者名、事件名、委任事項等に誤りがないか確認する。

> **実務ノート──不動産仮差押命令申立書等のチェックリスト**
>
> ☐　1　申立書等の形式的な確認（年月日、作成者、押印等）
> 　　　疎明書類、添付書類の確認
> ☐　2　管轄（本案の管轄裁判所）
> ☐　3　収入印紙（2000円分）
> ☐　4　郵便切手
> ☐　5　当事者目録　　資格証明書等との照合
> ☐　6　申立ての趣旨の記載
> ☐　7　請求債権目録　　①請求債権の特定は十分か
> 　　　　　　　　　　　②遅延損害金等は申立日まで
> ☐　8　被保全権利　　①被保全権利の特定＋理由づける事実の記載
> 　　　　　　　　　　　（要件事実＋債務者の抗弁事由）
> 　　　　　　　　　　②債権者の債務者に対する債権であること
> 　　　　　　　　　　③疎明で足りる
> ☐　9　物件目録　　不動産登記事項証明書と一致しているか
> ☐　10　保全の必要性　①債務者との交渉経緯、債務者の生活態度、資力等
> 　　　　　　　　　　　②連帯保証人に対する請求──主債務者の無資力
> 　　　　　　　　　　　③超過の仮差押えにあたらないこと
> 　　　　　　　　　　　④疎明で足りる

2 保全命令手続

(1) 申立書の受付

申立書が提出されると、裁判所書記官は、保全命令事件簿に登載して受け付ける。**記録符号**は「ト」である。

申立書に形式的な誤りがある場合や、添付書類が不足しているような場合には、受付の段階で、裁判所書記官から補正を促されることになる。

なお、「実務ノート――債務者の破産・民事再生」(53頁)についても参照されたい。

(2) 申立書の審査

(A) 審査の方法

仮差押命令事件は、債務者審尋をしたりすると、申立ての内容を債務者に知られてしまい、債務者が財産を隠匿、散逸するなどして、仮差押命令の申立ての目的を達することができなくなるおそれがあることから、一般に、**書面審理**を中心とした審査が行われている。

(B) 必要的記載事項の審査

申立書が提出されると、まず、規則13条1項に定める申立書の**必要的記載事項**の記載の有無と**申立手数料**の納付の有無が審査される。仮に、不備があれば、債権者に**補正**を命じ、補正命令に応じない場合またはその補正ができないときは、申立書を**却下**することになるが(法7条、民訴法137条)、実務においては、裁判所書記官を通じての(事実上の)**補正の促し**によって補正されるのが通例であろうから、却下にまで至る例は少ないと思われる。なお、必要的記載事項のうち、実務上問題となるのは、**当事者**(債務者)の**特定**程度であろうと思われる。

(C) 申立ての要件の審査

次に、**審査**の対象となるのは、①**形式的要件**である**訴訟要件**の具備と②**実体的要件**である**被保全権利**および**保全の必要性**の存否である。

訴訟要件は、管轄、当事者能力、訴訟能力、当事者適格等であって、基本

的に訴訟の場合と同様である。訴訟要件については、原則どおり、**証明**によることになる。

　仮差押命令事件においてポイントとなるのは、**管轄**である。訴訟要件が具備されていない場合のうち、管轄がない場合は移送の対象となり、それ以外の代理権が欠けているといった場合には、申立ての却下の対象となるが、これについても、実務上、却下にまで至る例は少ないと思われる。

　被保全権利および**保全の必要性**については、**疎明**で足りるが、それぞれについて基礎づける具体的な事実を疎明しなければならない。仮差押えにおいては、債権者の審尋だけで発令されることから、被保全権利については、本案において勝訴する相当な見込みがあるといえる程度の心証を抱かせるまでの疎明が必要である。また、申立書等から想定される抗弁については、これを排斥する事項を含めて疎明することが必要である。保全の必要性については、被保全権利の疎明が十分にされていることを踏まえて判断されるものであるから、基本的には、具体的な事実を記載した報告書や陳述書とこれを補強する書面等によって疎明されることになる。**実体的要件**に欠けると判断される場合には、**申立ての却下**の対象となる。申立ての却下に対しては、法19条による**即時抗告**（告知を受けた日から2週間以内）が可能である。

(3) 担　保

(A) 担保の性質

　担保は、違法・不当な保全命令また保全執行によって債務者が被る可能性のある損害を担保するために、裁判所があらかじめ債権者に提供することを求めるもので、債務者は、債権者に対する損害賠償請求権について、他の債権者に優先してこの担保から弁済を受ける権利を有するものである（民訴法77条）。

(B) 担保を命じる方法

　保全命令は、①担保を立てさせて、もしくは②相当と認める一定の期間内に担保を立てることを保全執行の実施の条件として、または③担保を立てさせないで発することができるとされている（法14条1項）。

実務においては、申立ての審査により、被保全権利および保全の必要性が認められ、発令可能と判断される場合には、①の担保を事前に立ててもらってから保全命令の発令をするのが通例であると思われる。この場合、裁判所は、担保の額、担保提供期間を定めた担保決定を発することになる。

　担保決定は、保全命令手続の迅速性や決定内容が複雑でないこと、相当と認める方法で告知すれば足りることもあり（法7条、民訴法119条）、決定書を別途作成することなく、記録の表紙の裏面に設けられた決定書欄を利用する例が多いと思われる（民事保全の実務212頁参照）。また、告知も、書面ではなく、口頭または電話によりされるのが一般的である。

　(C)　担保提供の方法

　担保提供の方法は、①**金銭**または裁判所が相当と認める有価証券を供託する方法と②銀行等の一定の金融機関との間で支払保証委託契約を締結する方法（実務上「ボンド」と呼ばれている）とがある（法4条1項、規則2条）。

　(a)　金銭の供託による場合

　簡易裁判所においては、供託金額がそれほど高額ではないということもあり、有価証券による例はおよそなく、金銭により供託する方法が選ばれるのが一般的である。

　また、債権者は、原則として、担保を立てることを命じられた裁判所（発令裁判所）または保全執行裁判所の所在地を管轄する地方裁判所の管轄区域内の供託所に供託する（法4条1項）。したがって、たとえば、担保を立てることを命じた裁判所が東京簡易裁判所であっても、東京地方裁判所の管轄区域内の供託所に供託すべきことになる。誤った供託所に行った供託は無効であり、担保提供の効力は生じないとされている。

　供託の方法による場合は、債権者は、**担保提供期間内**に**供託書正本**とその**写し**を裁判所に提出する。供託書正本は、写しと照合された後、返還される（供託書正本の写しは、正本と照合したことおよびその年月日を付記したうえで、記録に編綴される）。

　なお、「実務ノート――供託の際の留意点」（60頁）も参照されたい。

(b) 支払保証委託契約を締結する方法による場合

　裁判所の許可を得て、金融機関（銀行等）との間で、支払保証委託契約を締結し、将来、債務者が債権者に対し損害賠償請求権を有するようになったときに、銀行等が債権者に代わって金銭を支払うことを約束する方法によるものである。支払保証委託契約による場合には、債権者は、同委託契約により担保提供することの許可申請書2通を裁判所に提出し（申請について、手数料は不要である）、その1通により作成された許可決定謄本を受領して、銀行等と支払保証委託契約を締結することになる。また、委託契約の締結後、債権者は、銀行等から委託契約書の写しの末尾に契約を締結した旨の証明文を付したもの（支払保証委託契約締結証明書）の交付を受けて、担保提供期間内に裁判所に同証明書を提出する。

(D) 担保額の算定

　担保額は、保全命令または保全執行によって債務者に発生する可能性のある損害の程度ないし範囲を検討予測して、妥当な額を決定することになる。この検討にあたっては、個別の事案ごとに、どのような保全命令および保全執行がされるのか、保全命令の種類、保全命令の目的物の種類と価格等、被保全権利の性質とこれによる権利存在の確実性の程度、債務者の職業や経済状態といった点を考慮して、疎明の程度も斟酌しながら決定される。

(E) 担保提供の期間

　保全命令手続の迅速性、暫定性から、実務上は、3日から5日、長くても7日間程度の期間（初日不算入、担保決定日の翌日から起算される）が定められている（講義案21頁）。

　なお、実務上、相当な理由に基づいて、担保提供期間の満了前に期間延長の申出（【書式4】を参照）があれば、延長が認められる。もっとも、何度も延長が認められるわけではなく、原則として、1回かつ当初の担保提供期間を限度とすることにはなると思われる。

　期間延長の申出がないまま、担保提供期間を徒過した場合には、裁判所書記官を通じて、保全命令申立ての取下げの促しがされ、仮に、取下げされな

い場合には、却下の対象となろう（民訴法78条）。

　(F)　当事者複数の場合の担保の定め方

　当事者の一方または双方が複数の場合には、各債権者が各債務者に対し個別に担保を立てるのが原則である（**個別担保**）。担保決定としては、「債権者は担保として債務者らに対し各金〇〇円を平成〇年〇月〇日までに供託せよ」、「債権者は担保として債務者Aに対し金〇〇円、債務者Bに対し金〇〇円を平成〇年〇月〇日までに供託せよ」などとなる。この場合、一括して供託するよりも、個別に供託手続をするのが相当である。

　(G)　供託書の記載内容に誤記がある場合

　供託書の記載内容に誤記がある場合の取扱いについては、債権仮差押えの場合と同様である。

(4)　仮差押決定の作成

　(A)　決定の記載事項

　供託書正本等により担保提供の証明がされると、**決定**で**保全命令**を発する（法14条1項、規則9条1項）。決定は、「**仮差押決定**」の標題で、債権者から提出された**当事者目録**、**請求債権目録**、**物件目録**を利用して作成される。

　決定の記載事項は、①**事件の表示**、②**当事者の氏名**または**名称**および**住所**、代理人の氏名、③**担保額**および**担保提供方法**、④**主文**、⑤**理由**または**理由の要旨**、⑥**決定の年月日**、⑦**裁判所の表示**、⑧**裁判官**の記名押印である（規則9条2項）。

　保全命令が、「事件を完結する裁判」（民訴法67条1項）にあたるか否かについては、肯定・否定の両説がある。肯定する考え方をとる場合、「主文」には、職権で費用負担の裁判をすべきことになるが、この場合でも実務では、申立費用負担の裁判を省略するのが一般的である。

　また、決定の理由は、理由の要旨を示せば足りる（法16条ただし書）とされていることから、「債権者の申立てを相当と認め」程度の記載をするのが通例である。

第3章　不動産仮差押え

(参考30)　不動産仮差押決定例

平成○年(ト)第○号

仮差押決定

　　当事者の表示　　別紙当事者目録記載のとおり
　　請求債権の表示　別紙請求債権目録記載のとおり
　上記当事者間の仮差押命令申立事件について，当裁判所は，債権者の申立てを相当と認め，債権者に下記方法による担保を立てさせて，次のとおり決定する。

主　　文

　債権者の債務者に対する上記請求債権の執行を保全するため，別紙物件目録記載の債務者所有の不動産は，仮に差し押さえる。
　債務者が，上記請求債権額を供託するときは，この決定の執行停止又はその執行処分の取消しを求めることができる。
　　平成○年○月○日
　　　　　　　　　　　　○○簡易裁判所
　　　　　　　　　　　　　裁判官　　○　○　○　○
記
　　　立担保の方法（○印をつけたもの）
①　金○○万円の供託
２　株式会社　　　　との間に、金　　万円を限度とする支払保証委託契約を締結する方法による担保
（別紙当事者目録，請求債権目録，物件目録省略）

(注)　この記載例は、請求債権額と仮差押えの対象不動産とが同額と評価される場合（典型例がオーバーローンの場合である）に請求債権額を引用して記載する例である。実務上は、「上記請求債権額」に代えて、具体的な金額を記載する取扱いもある。

(参考31)　不動産仮差押決定例──債務者が複数の場合

平成○年(ト)第○号

仮差押決定

　当事者の表示　　別紙当事者目録記載のとおり
　請求債権の表示　別紙請求債権目録記載のとおり
　上記当事者間の仮差押命令申立事件について，当裁判所は，債権者の申立てを相当と認め，債権者に下記方法による担保を立てさせて，次のとおり決定する。

主　　文

　債権者の債務者らに対する上記請求債権の執行を保全するため，別紙物件目録記載の債務者ら所有の不動産は，仮に差し押さえる。
　債務者〇〇〇〇が金〇〇円を供託するときは，別紙物件目録(1)記載の不動産の仮差押えについて，この決定の執行の停止又はその執行処分の取消しを，債務者△△△△が金〇〇円を供託するときは，別紙物件目録(2)記載の不動産の仮差押えについて，この決定の執行停止又はその執行処分の取消しを，それぞれ求めることができる。
　　平成〇年〇月〇日
　　　　　　　　　　　〇〇簡易裁判所
　　　　　　　　　　　　　裁判官　　〇　〇　〇　〇

記
立担保の方法

　債務者らに対しそれぞれ金〇万円の供託
（別紙当事者目録，請求債権目録，物件目録省略）

（注）　主債務者と連帯保証人に対して、それぞれの不動産について仮差押えをする場合のように、債務者複数のケースでは、それぞれについて仮差押解放金を定めることになる。したがって、債務者のうちの1人が解放金を供託しても、他の債務者は仮差押えの執行からは解放されないことになる。

　　(B)　**仮差押解放金**
　(a)　**概　要**
　仮差押決定を発令する場合には、**債務者**が、その**執行の停止**または**取消し**を求めるために供託すべき金銭の額を定めなければならないとされている

(法22条1項)。

　(b)　仮差押解放金の決定の基準

　仮差押解放金の額は、**請求債権額**と**目的物の価額**のいずれか低いほうを基準に定めるという考え方が多いと思われる(もっとも、この場合でも、請求債権額を基準としたうえで、目的物価額が低額な場合には、これによるという考え方と、目的物価額を基準としたうえで、目的物価額が請求債権額を超える場合には、超過差押えとの関係で、請求債権額を超えないようにするという考え方がある)。

　(c)　仮差押解放金の供託とその後の手続

　定められた仮差押解放金を債務者が供託した場合の手続等については、債権仮差押えの場合の説明を参照されたい。

【書式13】　仮差押解放金の供託による不動産仮差押執行取消申立書

平成○年(ト)第○号　　不動産仮差押命令申立事件

不動産仮差押執行取消申立書

平成○年○月○日

○○簡易裁判所　御中

　　　　　　　　　　　　　　申立人(債務者)　○　○　○　○　㊞

　当事者の表示　　別紙当事者目録記載のとおり

　上記当事者間の頭書の事件について、申立人(債務者)は仮差押解放金を供託したので、別紙物件目録記載の不動産に対してした執行は取り消されたい。なお、本件仮差押えは本執行に移行しておりません。

(別紙物件目録省略)

当事者目録

〒000-0000　　○○県○○市○○2丁目3番4号

　　　　　　　　　　　申立人(債務者)　　賤ヶ岳　檜　夫

〒000-0000　○○県○○市○○１丁目２番３号
　　　　　　　　　　　被申立人（債権者）　　琵琶湖　鱒　郎

(注)　①　物件目録は，不動産仮差押決定正本に添付したものと同じである。
　　　②　申立書には，仮差押決定正本，供託書正本およびその写しを添付する。

(参考32)　不動産仮差押執行取消決定

平成○年(サ)第○号　不動産仮差押執行取消申立事件

決　　　定

　当事者の表示　　別紙当事者目録記載のとおり
　上記当事者間の当庁平成○年(ト)第○号不動産仮差押命令申立事件について，当裁判所が平成○年○月○日にした仮差押決定に基づく仮差押えの執行に対し，申立人（債務者）は同決定において定められた仮差押解放金○○万円を供託して，その執行の取消しを申し立てた。当裁判所は，この申立てを相当と認め，次のとおり決定する。

主　　　文

　上記仮差押決定に基づく別紙物件目録記載の不動産に対する仮差押えの執行を取り消す。

　　　　　　　　平成○年○月○日
　　　　　　　　　○○簡易裁判所
　　　　　　　　　　裁判官　　○　○　○　○　㊞

（別紙当事者目録，物件目録省略）

(参考33)　登記嘱託書兼登記原因証明書――執行の取消しに伴う嘱託

　　　　　　　　　　　　　　　　　　　平成○年(ト)第○号
　　　　　　　　　　　　　　　　　　　平成○年(サ)第○号

登記嘱託書兼登記原因証明書

○○地方法務局○○支局　　御中
　　　　　　　　平成○年○月○日

第3章　不動産仮差押え

```
                      ○○簡易裁判所
                        裁判所書記官　○　○　○　○　㊞
登 記 の 目 的    仮差押登記の抹消
原　　　　因    平成○年○月○日執行取消決定
権利者・義務者    別紙登記権利者・義務者目録記載のとおり
抹消すべき登記    平成○年○月○日受付第○号
添 付 書 類    なし
登 録 免 許 税    金○○○○円
不 動 産 の 表 示    別紙物件目録記載のとおり
─────────────────────────────────

                      登記原因証明情報

平成○年○月○日
別紙物件目録記載の不動産につき執行取消決定がされたことを証明する。
                  平成○年○月○日
                      ○○簡易裁判所
                        裁判所書記官　○　○　○　○　㊞
（別紙登記権利者・義務者目録，物件目録省略）
```

(5)　**仮差押決定の送達**

仮差押決定は、当事者に**送達**しなければならないとされている（法17条）。

　(A)　**債務者への送達**

　保全執行は、保全命令手続の密行性の要請から、保全命令（仮差押決定）が債務者に送達される前であっても行うことができるとされている（法43条3項）。そこで、実務上、債務者への送達については、**保全執行終了後**（仮差押えの登記完了後）に発送する取扱いがされている。

　(B)　**債権者への送達**

　債権者については、送達に代えて、債権者が提出する**請書（受領書）**【書式9】参照）と引替えに仮差押決定正本を**交付**する方式をとっている実務例が多いと思われる（講義案36頁）。

3 保全執行手続

(1) 執行手続の概要

保全命令と**保全執行**とは、別の手続になるので、理論的には、不動産仮差押命令の申立てとは別に仮差押決定の執行の申立てをしなければならないが、仮差押決定をした裁判所が執行機関になる不動産仮差押えの場合には、命令と執行とが緊密な関係にあることを考慮して、仮差押命令の申立てに執行の申立ても含まれると考えられている。そこで、実務では、仮差押決定がされると、当然に執行手続が開始され、裁判所書記官による仮差押えの登記嘱託がされることになる（法47条3項）。

(参考34) 登記嘱託書兼登記原因証明書

```
                                       平成○年(ト)第○号

                 登記嘱託書兼登記原因証明書

○○地方法務局○○支局    御中
                    平成○年○月○日
                        ○○簡易裁判所
                        裁判所書記官  ○  ○  ○  ㊞

登 記 の 目 的    仮差押
原       因    平成○年○月○日○○簡易裁判所仮差押命令
権利者・義務者    別紙登記権利者・義務者目録記載のとおり
添 付 書 類    なし
課 税 価 格    金88万7000円
登 録 免 許 税    金3500円
不動産の表示    別紙物件目録記載のとおり


                   登記原因証明情報

平成○年○月○日○○簡易裁判所
```

　　　　別紙物件目録記載の不動産につき仮差押命令があったことを証明する。
　　　　　　　　　　　平成○年○月○日
　　　　　　　　　　　　　○○簡易裁判所
　　　　　　　　　　　　　　裁判所書記官　　○　○　○　○　㊞
（別紙登記権利者・義務者目録，物件目録省略）

（注）　登録免許税は、88万7000円×4÷1000＝3548円→100円未満切捨て→3500円となる。

(2) 効力発生の時期

不動産仮差押えの**効力**は、**仮差押え**の**登記**がされた時に生じる。仮差押えの登記がされると、債務者には譲渡等の処分制限効が生じるが、この効果は、仮差押えによる本執行移行手続（不動産強制競売）が行われた場合には、その手続との関係で譲渡等の処分の効力が否定されるというものである（**手続相対効**）。なお、仮差押えがされても、債務者は通常の用法に従って使用または収益することができる（法47条5項で準用する民事執行法46条2項）。

また、仮差押えをした債権者は、本案について勝訴判決を得るなど、本執行に移行しうる要件を備えたときは、当該不動産の売却・配当の手続に進むことができる地位を取得することになるが、一般債権者であって、他の債権者に対する優先権を取得するものではない。

(3) 仮差押えの登記

登記嘱託書の送付を受けた**登記官**は、**仮差押えの登記**（登記の目的──仮差押、登記の原因──○○簡易裁判所仮差押命令、登記原因の日付──仮差押命令が発せられた日、債権者──住所・氏名）をし、登記完了後、登記事項証明書を保全執行裁判所に送付する。

4　保全命令申立ての取下げ

(1) 取下げの方式

保全命令の申立ての**取下げ**は、原則として、**書面**でしなければならない（規則4条1項）。複数不動産のうちの一部についての取下げも可能である

(実務上は、複数の不動産を仮差押えの目的とする申立てをしたものの、保全の必要性の観点から過大な仮差押えとなると判断された物件についてだけ取り下げる例も多い)。また、保全執行申立てだけを取り下げることは認められないと解されている(民事保全の実務437頁)。

　不動産仮差押えのように、仮差押決定をした裁判所が執行機関となる場合には、保全命令申立ての取下書には、保全執行の申立ての取下げの趣旨も含まれているものとみられることになるから、保全命令申立ての取下書には、執行取消しの範囲を明確にするという趣旨で、当事者の表示、保全執行の対象物の表示(物件目録)の添付が必要になるとされている。

【書式14】　保全命令申立ての取下書——不動産

```
平成○年(ト)第○号　　不動産仮差押命令申立事件

                保全命令申立取下書

                                        平成○年○月○日
○○簡易裁判所　御中

                        債権者　　○　○　○　○　㊞

　　当事者の表示　　別紙当事者目録記載のとおり
　上記当事者間の頭書の事件について、債権者は、別紙物件目録記載の不動産につき、申立てを取り下げます。
(別紙当事者目録、別紙物件目録省略)
```

(注)　①　仮差押えの申立てに係る不動産のうち、一部の不動産について取り下げる場合である。
　　　②　保全命令の申立てに使用したものと同じ印鑑で押印する。
　　　③　当事者目録は、不動産仮差押命令申立書に添付したものと同じである。
　　　④　債務者に仮差押決定正本が送達された後は、取下通知用の郵便切手(普通郵便切手代相当)が必要になる。また、取下通知書に取下書副本を添付する取扱いもあり、この場合には、債務者の人数分の副本を提出することになる。
　　　　　また、仮差押えの登記の抹消を嘱託するための郵便切手等も別途必要

となる。

(2) 取下げの時期

保全異議または保全取消しの申立てがあった後でも取下げができると考えられている（法18条参照）。

(3) 債務者の同意の要否

保全命令の申立ての**取下げ**に債務者の**同意**は**不要**である。保全異議または保全取消しの申立てがあった後でも不要である（法18条）。

(4) 取下げの効果

保全命令申立ての取下げにより、申立てによって生じていた効果がすべて消滅する。もっとも、債権者が担保提供後に取り下げた場合、直ちに担保の返還を受けることができるわけではないことにも留意されたい。

保全命令の執行後に、保全命令申立ての取下げがあった場合には、保全命令の申立ての取下げには、保全執行の申立ての取下げの趣旨も含まれているとみて、**裁判所書記官**が、**仮差押登記**の**抹消**の**嘱託**をすることになる。このため、債権者は、嘱託のための登記権利者・義務者目録、物件目録、郵便切手、登録免許税（収入印紙・不動産1個につき1000円。登録免許税法9条、別表第1・1⑿））といった書類等の提出が必要となる。

（参考35）　登記嘱託書兼登記原因証明書──申立ての取下げに伴う嘱託

平成〇年(ト)第〇号

登記嘱託書兼登記原因証明書

〇〇地方法務局〇〇支局　　御中

　　　　　　　　　　　平成〇年〇月〇日
　　　　　　　　　　　　〇〇簡易裁判所
　　　　　　　　　　　　　裁判所書記官　　〇　〇　〇　〇　㊞

登記の目的　　仮差押登記の抹消
原　　因　　　平成〇年〇月〇日取下げ
権利者・義務者　別紙登記権利者・義務者目録記載のとおり
抹消すべき登記　平成〇年〇月〇日受付第〇号

```
添 付 書 類    なし
登 録 免 許 税   金○○○○円
不 動 産 の 表 示  別紙物件目録記載のとおり
```

登記原因証明情報

　平成○年○月○日
　別紙物件目録記載の不動産につき仮差押命令の申立てが取り下げられたことを証明する。
　　　　　　　　　平成○年○月○日
　　　　　　　　　　○○簡易裁判所
　　　　　　　　　　裁判所書記官　　○　○　○　○　㊞
（別紙登記権利者・義務者目録、物件目録省略）

(5) 相手方に対する取下げの通知

　裁判所書記官は、保全命令の送達等を受けた債務者に対し、取り下げられた旨の通知をしなければならないとされている（規則4条2項）。

第4章

仮処分

第4章　仮処分

（本章のはじめに）
　簡易裁判所に申し立てられる保全命令の申立ては、仮差押え、それも債権と不動産に対する差押えが中心であって、仮処分命令の申立てがされる例はあまりないこともあり、ここでは、若干の申立ての類型について、基本的な留意点のみを触れることとする。

1　占有移転禁止仮処分命令申立て

(1)　占有移転禁止仮処分──動産

(A)　概　要

　占有移転禁止仮処分は、**特定物**に関する**給付請求権**を**保全**するために、その特定物を（占有が第三者に移転されることを禁止して）現状のまま維持することを目的として行われる**仮処分**である（**係争物に関する仮処分**）。債権者が、物の引渡しを求めて訴訟を提起する場合において、当該目的物の占有が現在の占有者から第三者に移転されるおそれがある場合に、勝訴判決に基づく強制執行を保全するために行うものである。

　占有移転禁止仮処分には、目的物について、債務者の使用を許すもの（**債務者使用型**）、債務者にも債権者にも使用を許さないもの（**執行官単純保管型**）、債権者に使用を許すもの（**債権者使用型**）の３つのパターンがある。債務者使用型は、債務者による使用が継続されるのに対して、その他の型では、債務者の使用が排除されることになるから、より厳しい審理・判断がされることになろう。実務上も、占有移転禁止仮処分は、口頭弁論または債務者が立ち会うことのできる審尋の期日を経ることなく発することができるとされているところ（法23条）、債権者使用型や執行官単純保管型では、債務者の受ける打撃が大きいことも考慮して、原則として、債務者審尋がされている（例外的に、自動車のように特定物である動産については、債務者への審尋により当該動産を隠匿されるおそれもあることことから、債務者への審尋がされないこ

ともあろう)。

　(B)　申立書の冒頭部分

　①「**占有移転禁止仮処分命令申立書**」という標題にすること、②冒頭部分に「**当事者の表示**」の標題を付して「**別紙当事者目録**」を添付すること、③次に「**仮処分により保全すべき権利**」という標題を付して「**所有権に基づく返還請求権**」などと記載することといった点を除いては、仮差押命令の申立てと基本的に同様なスタイルである。

　(C)　申立ての趣旨

　申立ての趣旨は、**仮処分**の**目的物**と債務者となる当該**動産**の**占有者**を**特定**したうえで、**仮処分**の**方法**を記載する。目的物となる動産は、個別に特定してもよいし、または動産の種類、所在場所等によって限定する方法で特定することでもよいが、他の部分と独立して占有の対象となる物でなければならない。また、債務者となる占有者は、**直接占有者**でなければならず、間接占有者や占有補助者に対する申立ては、不適法となる。

(参考36)　申立ての趣旨の記載例――占有移転禁止仮処分

申立ての趣旨

　債務者は、別紙物件目録記載の物件に対する占有を他人に移転し、又は占有名義を変更してはならない。
　債務者は、上記物件の占有を解いて、これを執行官に引き渡さなければならない。
　執行官は、上記物件を保管しなければならない。
　執行官は、債務者に上記物件の使用を許さなければならない。
　執行官は、債務者が上記物件の占有の移転又は占有名義の変更を禁止されていること及び執行官が上記物件を保管していることを公示しなければならない。
（別紙物件目録省略）

(注)　目的物について、債務者の使用を許す場合の記載例である。

(D) 申立ての理由
(a) **被保全権利**

被保全権利としては、所有権、売買契約の解除または取消しに基づく返還請求権、賃貸借契約または使用貸借契約の終了に基づく返還請求権といった権利が一般的である。被保全権利の具体的な記載事項は、基本的に仮差押えの場合と同様であって、被保全権利の要件事実、これを基礎づける間接事実、容易に予想される債務者の抗弁に対する反論等を記載する。売買契約や賃貸借契約の解除等に基づく動産の返還請求権を被保全権利とする場合には、当事者間に売買契約等が成立したこと、解除権が発生し、その行使をしたことなどにより返還請求権が発生することを基礎づける事実を記載する。

(b) **保全の必要性**

債務者が**第三者**に**占有**を**移転するおそれ**があることを、**物**の**種類**、**性質**、**債務者**の**占有**の**経緯**、**使用状態**、**訴え提起**の**有無**とその**進行状況**等により疎明することになろう。

動産の場合には、可動性があり、第三者に処分されれば即時取得される可能性もあること、債務者に占有または使用させておくと、当該動産が損耗するなどして、現状が変更される可能性もあることから、不動産の場合に比べると、債務者に使用を許さない形での仮処分の必要性が認められることにはなろう。もっとも、さらに進んで債権者使用型の仮処分の必要性が認められるためには、債務者使用型によって債権者に生ずる著しい損害を避ける必要があるとき、または執行官の保管のままでは、保管が困難であるか、あるいは、過大な保管費用が必要となるということが前提となるから、このような事実の主張と疎明が必要になることにも留意が必要である。実務では、債権者に使用を許すまでの必要性は認められないが、債権者に保管させたほうが動産の性質、保管方法や費用などの点から適当であると考えられる場合もあり、このような場合には、「執行官は、上記物件を使用しないことを条件として、債権者に保管させることができる」とする場合もある（民事保全の実務78頁）。

また、債権者使用型の占有移転禁止仮処分では、債権者は、執行官の補助機関として目的物を占有することになるから、当該目的物を処分ことはできない。債権者が目的物の処分までする必要があるという場合には、**仮の地位を定める仮処分**としての**引渡断行の仮処分**を申し立てる必要がある。

(E) 保全執行手続

仮処分決定正本に基づく具体的な**保全執行**手続は、**執行官**が行うことになるので、債権者は、保全執行手続の申立てを目的物の所在地を管轄する地方裁判所に所属する執行官に対し、書面により行うことになる（法52条1項）。執行期間は、債権者に対して仮処分決定正本が送達された日から2週間（初日不算入）であるから（法43条2項）、この期間内に執行官による執行の着手が行われることが必要である。

(2) **占有移転禁止仮処分──不動産**

(A) 概　要

不動産の**占有移転禁止仮処分**は、**債務者使用型**が原則である。これは、不動産の場合、処分が比較的容易な動産と異なって、債務者の使用を排除するまでの必要性が小さいとされているためである。

(B) 申立書の冒頭部分

動産に対する仮処分の場合と同様である。

(C) 申立ての趣旨

申立ての趣旨は、**仮処分**の**目的物**である**不動産**と債務者となる当該**不動産**の**占有者**を特定したうえで、仮処分の方法を記載する（(参考36) 参照。不動産の場合も基本的な申立ての趣旨の記載は同様であり、別紙物件目録の部分で不動産を特定することになる）。目的物となる不動産が建物の場合、登記事項証明書上の記載に基づいて特定したうえで、執行の際の便宜も考慮して、実務上は、**現況**についても併記するのが一般的であると思われる。

また、債務者となる占有者は、**直接占有者**でなければならず、間接占有者や占有補助者に対する申立てが、不適法となることは、動産に対する仮処分の場合と同様である。

第4章 仮処分

(参考37) 物件目録の記載例——占有移転禁止仮処分

物 件 目 録

所　　在　　〇〇市〇〇1丁目2番地3
家屋番号　　〇番〇の〇
種　　類　　店舗・居宅
構　　造　　木造瓦葺2階建
床 面 積　　1階　〇〇.〇〇平方メートル
　　　　　　2階　〇〇.〇〇平方メートル

現　況
所　　在　　〇〇市〇〇1丁目2番地3
家屋番号　　〇番〇の〇
種　　類　　店舗・居宅
構　　造　　木造瓦葺2階建
床 面 積　　1階　〇〇.〇〇平方メートル
　　　　　　2階　〇〇.〇〇平方メートル
　　　　　　3階　約〇〇平方メートル

(注)　不動産登記事項証明書の記載に加えて、現況についても併記する場合の記載例である。登記事項証明書と異なる部分だけを「現況」として摘示するのではなく、対比できるように登記事項証明書と同一の部分も記載するのが相当である。また、現況部分は、可能な限り特定して記載する。

(D)　申立ての理由

　特に、被保全権利について、次の点に注意する必要があろう。
　被保全権利は、賃貸借契約の終了に基づく目的物返還請求権としての不動産明渡請求権とするものが多いが、簡易裁判所では、その中でも賃料不払いによる賃貸借契約の解除を原因とする不動産の明渡請求権を被保全権利とするものが多いと思われる。このような申立ての中には、短期間の賃料不払いだけを理由として契約の解除を申し立てているものがあるが、不動産の賃貸借契約は継続的契約であって、長期にわたる契約関係により形成された信頼

関係が破壊されていなければ解除権が発生しないとされていることに留意が必要である（最判昭和39・7・28民集18巻6号1220頁参照）。

　(E)　保全執行手続

動産に対する占有移転禁止仮処分の場合と同様である。

2　物の引渡断行の仮処分命令申立て

(1)　概　要

　前記した動産に対する占有移転禁止仮処分によっては、動産の引渡請求権を保全する目的を達することができず、債権者に生ずる著しい損害を避ける緊急の必要性があるときに、物の**引渡断行の仮処分**を申し立てることができる。実務上、簡易裁判所に申し立てられることが多い動産引渡断行仮処分の申立ては、所有権留保付きで割賦販売等した自動車を目的物とし、留保された所有権に基づく返還請求権を被保全権利として、信販会社等が買主等に対し、当該自動車の引渡断行の仮処分を求める場合である。

(2)　自動車の引渡しを前提とする引渡断行の仮処分と占有移転禁止仮処分の違い

　引渡断行の仮処分と前記した占有移転禁止仮処分のうち執行官単純保管型、債権者使用型（この2つについては、「半断行の仮処分」と呼ばれている）については、共に被保全権利は同じであるが、引渡断行の仮処分は、仮の地位を定める仮処分であり、債権者に生ずる著しい損害または急迫の危険を避ける（法23条2項）必要がある場合に保全の必要性が認められ、一方、半断行の仮処分は、係争物に関する仮処分であって、将来、権利を実行することができなくなるおそれまたは権利を実行するのに著しい困難を生ずるおそれ（同条1項）があるときに保全の必要性が認められるものである。

　また、前者は、その保全執行により、債権者が自動車の占有を回復するので、当該自動車を売却処分することが可能となる。これに対し、後者は、保全執行によっても、自動車は執行官保管とされるので、債権者は当該自動車を売却処分することができない。

そこで、両者のうち、どちらを選択して申し立てるのが相当かという点であるが、被保全債権として回収すべき金額と目的となる自動車の価額とを比較し、自動車の価額が被保全債権よりも少ない場合には、債務名義を取得するまで待っていては、残債権全額を回収することが困難となることが想定されるから、引渡断行の仮処分をする必要性が認められ、これとは逆に、自動車の価額のほうが、被保全債権を上回り、債務名義を取得するまで待っていても、残債権全額を回収できる見込みがあるときは、半断行の仮処分によっても対応できるということになろう。

(3) 申立ての趣旨

申立ての趣旨としては、**仮処分**の**目的物**と債務者となるその**占有者**を特定したうえで、**引き渡せ**と記載することになる。

(参考38) 申立ての趣旨の記載例——物の引渡断行の仮処分

申立ての趣旨

債務者は、債権者に対し、別紙物件目録記載の物件を仮に引き渡せ。
（別紙物件目録省略）

（注） 自動車の引渡しを求める場合には、自動車検査証の登録事項に従って、車名、型式、車台番号等を記載する。なお、末尾には、当該自動車の鍵、自動車検査証、自動車賠償責任保険証書を含む旨も付記しておいたほうがよい。

(4) 申立ての理由

被保全権利が所有権等（所有権留保付売買など）に基づく引渡請求権で、その疎明が確実であり（実務上は、証明に近い高度の疎明が必要とされている）、債務者にその物の占有権限がなく、このままにしていると、物の価値が著しく低下し、債権者が（債務名義を取得する前に）実際に引渡しを受けて、これを処分しなければ、被保全権利行使の目的を達することができないことを具体的に記載する。

(5) **保全執行手続**

動産に対する占有移転禁止仮処分の場合を参照されたい。

第5章

担保取消し

第5章で扱う手続の流れ

申立書の提出
- ○ 担保提供命令を発した裁判所
- ○ 申立手数料は不要
- ○ 申立書が提出されると、民事雑事件（記録符号は「サ」）として受け付ける。

　　1　申立書の作成
　　　(1)　申立人－担保提供者
　　　(2)　被申立人－担保権利者
　　　(3)　担保取消しの事由
　　　　　①　担保事由の消滅（民訴法79条1項）
　　　　　②　担保権利者（債務者）の同意（民訴法79条2項）
　　　　　③　権利行使催告（担保権利者の同意擬制）
　　2　担保取消事由に応じた添付書類等の準備

申立書の審査
- ○ 担保事由の消滅にあたる場合
　　——担保取消決定
- ○ 担保権利者（債務者）の同意にあたる場合
　　——担保取消決定
- ○ 権利行使催告にあたる場合
　　——担保権利者に対する権利行使の催告
　　↓
　　定められた期間に権利行使の届出がない場合

債権者
　担保取消事由の該当性を検討する。
↓
申立書を作成する。
※　添付書類等を準備する。

債務者
　権利行使をするか否か、検討する。

――担保取消決定　　　　　　　　　　必要に応じて訴え等を提
　　　　　　　　　　　　　　　　　　起し、その旨を裁判所に届
　　　　　　　　　　　　　　　　　　け出る。

担保取消決定の告知
　○　相当な方法による。

担保取消決定確定後の手続　　　　　　｜債権者｜
　○　裁判所に供託原因消滅証明申請　　供託原因消滅証明申請を
　○　供託所に供託原因消滅証明書と供託書正　し、同証明書を受領する。
　　本を添えて、取戻しの請求　　　　　　↓
　　　　　　　　　　　　　　　　　　上記証明書に供託書正本
　　　　　　　　　　　　　　　　　　を添えて、法務局に供託金
　　　　　　　　　　　　　　　　　　の取戻しの請求をする。

1 担保の返還

 保全命令手続における**担保**は、違法な保全命令の執行によって債務者が被る可能性のある損害を担保するためのものであるから、債務者に損害が生じないことが明らかになった場合には、担保提供させておく必要もないことから、債権者（**担保提供者**）がこれを取り戻すことが認められている。
 債権者が、保全命令を受けるために立てた担保の返還を受ける方法としては、**担保取消し**（法4条2項で準用する民訴法79条）と**担保取戻し**（規則17条）がある。

2 担保取消しが認められる場合

(1) 担保事由の消滅（民訴法79条1項）

 担保を提供しておく理由が消滅したこと、具体的には、保全命令の原因となった債権者の権利（被保全権利）が確定し、保全執行手続が正当であることが終局的に認められたため、債務者の損害賠償請求権の不存在が確定し、担保提供の必要性がなくなった場合である。
 債権者が、保全命令の被保全権利と同一の請求権について本案訴訟で勝訴の確定判決を受けた場合が典型的である。

(2) 担保権利者（債務者）の同意（民訴法79条2項）

 担保権利者（債務者）が担保を取り消すことに**同意**するときは、担保に関する権利を放棄したことになるので、担保を提供しておく理由が消滅したことになる。したがって、同意がある場合には、本案訴訟の終了とは関係なく担保の取消しがされることになる。

(3) 権利行使催告（担保権利者の同意擬制。民訴法79条3項）

 本案訴訟が完結し、担保権利者（債務者）の損害賠償請求権の発生とその額が確定できる状態になったにもかかわらず、担保権利者がその権利の行使をしない場合に、担保を立てた者の申立てにより、裁判所が担保権利者に対して、一定の期間内に権利を行使すべき旨を催告し、担保権利者が権利を行

使しないときは、担保取消しに同意したものとみなして、担保取消しがされることになる。

　訴訟の完結とは、保全事件及び本案訴訟が終了し、担保権利者（債務者）の被担保債権の発生およびその額が客観的にも確定したと一応思われる状況となり、しかもその権利の行使について特段の障害もないため、その権利の行使を催告しても無理ではない状態のことをいう。

3　担保取消しの手続

(1)　管轄裁判所
　実務では、**担保提供命令を発した裁判所が管轄**するとしている。

(2)　申立ての方式
　書面によってされるのが通例である。手数料は、要しない。申立てを受理した裁判所は、**民事雑事件**として立件する（記録符号は、「**サ**」である）。

【書式15】　担保取消申立書

```
平成○年(ト)第○号債権仮差押命令申立事件
申　立　人（債権者）　　○　○　○　○
被申立人（債務者）　　　○　○　○　○

　　　　　　　　　担保取消申立書

　　　　　　　　　　　　　　　　　　平成○年○月○日
○○簡易裁判所　御中

　　　　　　　　　　　　申立人　　○　○　○　○　㊞
　　　　　　　　　　　　連絡先（電話番号）123 – 456 – 7890
　頭書の事件について，申立人が供託している下記記載1の担保について，下記記載2の事由（■印を付したもの）により，担保取消決定を求める。
　　　　　　　　　　　　記
1　供　託　日　　　平成○年○月○日
　　供託した法務局　　○○法務局
　　供　託　額　面　　金○○万円
```

第5章　担保取消し

```
          供託番号　平成○○年度金第○○号
2  ■(1)  担保の事由が消滅したこと（民事訴訟法79条1項）
   □(2)  担保権利者の同意を得たこと（民事訴訟法79条2項）
   □(3)  訴訟完結後の権利行使催告（民事訴訟法79条3項）
        □ア  本案訴訟未提起，保全命令申立ての取下げ及び執行解放
        □イ  本案訴訟提起，保全命令申立ての取下げ及び執行解放
        □ウ
```

(注)　担保取消決定正本の受領書は、別途作成してもよいが、申立書の末尾に、次のように記載しておいて、書類を受領した際に日付を記入し、申立人欄に押印することでも許されよう。

```
   ------------------------------------------------

                    受　　　　書

   ○○簡易裁判所　御中
      担保取消決定正本1通を受領しました。
                          平成　年　月　日
                          申立人　○　○　○　○
```

【書式16】　受領書——担保取消決定正本等

```
   平成○年㈹第○号担保取消申立事件
   (基本事件：平成○年㈭第○号債権仮差押命令申立事件)
   申　立　人（債権者）　○　○　○　○
   被申立人（債務者）　　○　○　○　○

                    受　　　　書

                                    平成○年○月○日
   ○○簡易裁判所　御中
                          申立人　○　○　○　○　㊞
      頭書の事件について，申立人は，下記書類を受領しました。
```

記

1　担保取消決定正本　　1通
2　供託原因消滅証明書　1通

(注)　受領書を別に作成する場合の例である。複数の書類をまとめて受領する場合には、別に作成するほうが効率的な場合があろう。

(3)　申立人

担保提供をした者または担保物取戻請求権の承継人である。簡易裁判所においては、保全命令手続の債権者が申立人となるのが通例である。

(4)　被申立人

担保権利者またはその承継人である。簡易裁判所においては、保全命令手続の債務者が被申立人となるのが通例である。

(5)　**担保取消しの事由と添付資料**

ここでは、**担保取消し**が認められる各事由について、主なものを申立書の添付書類とともにあげることとする。

(A)　担保事由の消滅（民訴法79条1項）

(a)　**本案訴訟で被保全権利について全部勝訴し、その判決が確定した場合**

保全命令における**被保全権利**と**本案訴訟**で認容された**権利**とが同一でなければならないが、**請求の基礎**が同一であれば足りるとされている。実務においては、被保全権利の発生原因事実が、本案訴訟における請求原因事実に含まれていると判断される場合や保全事件の一件記録と本案判決とを比較照合した結果、被保全権利が本案訴訟においても認容されたであろうと認められるような場合には、請求の基礎に同一があるとして担保取消しが認められることになると考えられるが、そもそも保全事件は、本案訴訟を前提とする被保全権利について、保全の必要性を認めて発令するものであることからすれば、権利の同一性について疑義を抱かせない形での本案訴訟を追行すべきものと考えられよう。

添付書類は、判決正本および同正本の写し（判決正本は、写しと照合後に返

還される）、判決確定証明書である。

(b) 本案訴訟で全部勝訴した場合と同視しうる場合

　本案訴訟には、仮執行宣言付支払督促は該当しないことに留意されたい。支払督促には既判力がなく、確定前の事由も請求異議事由となることから、仮執行宣言付支払督促が確定しても、被担保債権の不存在が確実になったとまではいえないからである。したがって、この場合の担保取消しは、権利行使催告の方法によることになる。

　(ア)　債権者が本案訴訟において、ほぼ全面的に勝訴したと同じ内容の裁判上の和解または調停が成立したとき

　和解に代わる決定（民訴法275条の２）、調停に代わる決定（民事調停法17条）による場合でもよい。

　簡易裁判所の民事保全事件の中心となる被保全権利が金銭債権の場合を前提とすれば、和解条項等の内容として、被保全権利についての**確認条項**（債権者の請求債権について支払義務があることを確認する条項）だけしかない場合でもよい（実務上、金銭の支払いについて確認条項だけを合意し、給付条項がない場合というのは、あまり想定しにくいが、仮にこのような場合でもよい）。もっとも、債務者から債権者に支払われる金員の性質が、「解決金」や「和解金」などの場合には、必ずしも被保全権利自体の存在が確認されたとまでいえないこともあり、この場合には担保の事由が消滅したとまでいうことは難しいと考えられる。したがって、解決金等の名目で和解等をする場合には、担保取消しに同意する旨の条項を設けるのが相当であると思われる。

　また、**給付条項**（具体的な支払内容・方法等を合意する条項）について、一括払いを合意する場合だけでなく、分割払いの場合でも、担保権利者が被保全権利の存在を肯定しているものと考えられるから、勝訴判決に準じて、担保の事由が消滅したものと考えられよう。

　和解条項等においては、「当事者間には、本和解条項に定めるほか、他に何らの債権債務のないことを相互に確認する」旨の（包括的）清算条項が設けられる例も多いが、実務上、担保取消しに同意する場合には、その旨の和

解条項等が設けられるのが一般的であることも考慮すると、清算条項があるからといって直ちに担保の事由が消滅したものとまでいうことは難しいと思われる。

添付書類は、(勝訴的な)和解調書正本もしくは調停調書正本および同正本の写し(正本は、写しと照合後に返還される)である。和解に代わる決定、調停に代わる決定の場合には、同決定正本およびその写しに加えて確定証明書も必要となる。

(イ) 担保権利者(債務者)による請求の認諾

請求の認諾の場合の添付書類は、認諾調書正本およびその写し(正本は、写しと照合後に返還される)である。

(ウ) 破産債権者表の記載

破産債権の調査において、破産管財人が認め、かつ、届出をした破産債権者が異議を述べずに確定した事項についての破産債権者表の記載は、破産債権者の全員に対して確定判決と同一の効力を有する(破産法124条3項)から、担保の事由が消滅した場合にあたると解するのが相当である。

添付書類は、破産債権者表(確定が前提)の写し、破産債権の届出書面の写しである。

実務ノート──「担保事由の消滅」についての若干の留意点

Ⅰ 本案訴訟が全部勝訴判決ではない場合

本案訴訟において、被保全権利の一部が認容され、その余の部分について棄却の判断がされた場合、債務者に損害が生じていないとまでいうことができないから、担保の事由が消滅した場合に該当しないことになろう。そこで、この場合には、権利行使催告によることになろう。

もっとも、棄却された部分がごくわずかにすぎない場合には、債務者に損害が生じていないとして、担保の事由が消滅したといいうる場合がないとはいえないであろう。

Ⅱ 一部弁済等があった場合

保全命令が発令された後に、弁済等により被保全権利の一部が消滅することが考えられるが、このことが判決の理由から明らかになっていれば、債務者に

損害が生じていないものといいうるから、担保の事由が消滅した場合に該当するということができよう。これと異なって、保全命令の発令前に一部弁済がされていたにもかかわらず、保全命令の申立てに際して、何も主張しないまま、保全命令が発令されていた場合には、債務者に損害が発生する余地もあるから、担保の事由が消滅した場合に該当するとまではいいがたいと思われる。

Ⅲ　内金請求の場合

　簡易裁判所の管轄とするために、たとえば、200万円の貸金債権の内金140万円について請求債権とする仮差押決定が発令された後、本案訴訟において140万円の勝訴判決を得た場合に、その判決をもって担保の事由が消滅したものといいうるかということが問題になるが、内金請求における金銭債権はどの部分をとってみても価値が等しいものであり、個性がないといえることからすれば、被保全権利の140万円の貸金債権と勝訴判決の140万円の貸金債権とが一致しているものとみることができるから、この場合も、担保の事由が消滅した場合にあたると考えてよいと思われる。もっとも、内金請求の形で複数の仮差押決定を得ている場合もあり、この場合には、当該判決が他の仮差押決定の担保取消しにも利用される可能性があることから、担保取消しの申立てに際して、「同一の被保全権利について、本件以外には、民事保全命令を得ていないこと」、あるいは、「他の民事保全事件には当該判決を担保取消しの申立てに用いないこと」についての上申書を提出するのが相当であろうと思われる。

(B)　担保権利者（債務者）の同意（民訴法79条2項）

前記のとおり、ここでの「同意」は、**担保権利者**（債務者）による**担保に関する権利**の**放棄**という**意思表示**である。

(a)　**裁判外での同意による場合**

㋐　担保権利者本人の同意による場合

実務上、担保権利者本人が**同意書**を作成する場合には、同意書の真正の成立（担保権利者本人の印鑑が押捺されていることにより、当該同意が担保権利者の真意に基づくものであることが確認できること）を証明する必要があるため、同意書に印鑑登録した印鑑で押印し、同印鑑の**印鑑登録証明書**を提出する。

保全命令の発令後、住所変更があったり、婚姻等により氏が変更したりして、保全命令の住所・氏名と印鑑登録証明書に記載された住所・氏名とが

違っている場合には、その間のつながりが判明する書類（住民票等）の提出も必要である。なお、自営業者である債務者について、保全命令に店の所在地を記載している場合には、印鑑登録証明書記載の住所とは異なり、かつ、住民票等によっては、そのつながりを証明することができない場合もある。このような場合には、どのような経過で担保権利者（債務者）から同意を得ることになったのか、また、印鑑登録証明書記載の住所が担保権利者のものと考える理由等を記載した上申書を提出することが考えられよう。

また、担保取消決定に対しては即時抗告が許されていることから（民訴法79条4項）、実務では、担保取消決定を直ちに確定させ、速やかに担保を取り戻すために、**即時抗告権放棄書**を提出する例が多い。

添付書類は、同意書、印鑑登録証明書、即時抗告権放棄書である。

(イ) 担保権利者の代理人の同意による場合

同意が**訴訟代理人**による場合には、担保取消しの同意および即時抗告権の放棄が、担保権利者にとって不利益となる行為であることも考慮して、民訴法55条1項の委任外の行為であり、**特別授権事項**であると解されている。したがって、同意の権限が明記された**委任状**の提出が必要となる。

添付書類は、同意書、委任状、即時抗告権放棄書である。

【書式17】 同意書

```
                    同　意　書

担保提供者　殿
            平成○年○月○日
                        担保権利者　　○　○　○　○　㊞
　担保権利者は、下記記載1の事件について、担保提供者が供託して立てた下
記記載2の担保の取消しに同意します。
                        記
  1　事件番号　　○○簡易裁判所平成○年(ト)第○号
　　事　件　名　　不動産仮差押命令申立事件
```

第5章 担保取消し

```
        債 権 者    ○  ○  ○  ○
        債 務 者    ○  ○  ○  ○
  2  供   託   日    平成○年○月○日
     供託した法務局    ○○法務局
     供 託 額 面    金○○万円
     供 託 番 号    平成○○年度金第○○号
```

【書式18】 即時抗告権放棄書

```
                  即時抗告権放棄書

○○簡易裁判所　御中
          平成○年○月○日
                        被申立人　○　○　○　○　㊞
  下記記載の事件についての担保取消決定に対し，被申立人は，即時抗告いた
しません。
                  記
  事 件 番 号    ○○簡易裁判所平成○年(ト)第○号
  事 件 名      不動産仮差押命令申立事件
  債 権 者      ○　○　○　○
  債 務 者      ○　○　○　○
```

(b) **訴訟上の和解・調停成立による同意の場合**

　本案訴訟で訴訟上の和解が成立し、**和解条項中に担保取消しに同意**する旨の記載がされている場合（調停成立の場合も同様である）は、当該同意が担保権利者の真意に基づくものであることが手続的に保証されているから、当該**和解調書**を提出することで足りる。

　和解条項には、①担保取消しについての同意の存在、②どの保全事件の担保についてなされた同意であるのか（事件番号等で特定する）、③当該民事保全事件の担保権利者と同意者の同一性、および担保提供者と同意の相手方の同一性、④担保物の具体的な内容が明示されていなければならないとされて

いる。

　なお、認定司法書士が訴訟代理人として和解が成立している場合には、本人も出頭していない限り、抗告権放棄がなし得ないとするのが実務の考え方である。

　添付書類は、和解（調停）調書正本およびその写し（正本は、写しと照合後に返還される）である。

（参考39）　和解条項の記載例

> Ⅰ　記載例1
> ○　原告は，被告に対する○○簡易裁判所平成○年(ト)第○号○○仮差押命令申立事件を取り下げる。
> ○　被告は，原告に対し，原告が前項の仮差押命令申立事件について供託した担保（○○法務局平成○年度金第○号）の取消しに同意し，その取消決定に対し抗告しない。
> Ⅱ　記載例2
> ○　被告は，原告に対し，原告が被告に対する○○簡易裁判所平成○年(ト)第○号○○仮差押命令申立事件について供託した担保（○○法務局平成○○年度金第○○号）の取消しに同意し，その取消決定に対し抗告しない。

（注）　記載例1は、債権者が仮差押命令の申立ての取下げを合意するとともに、担保取消しについても同意する場合であり、記載例2は、仮差押命令の申立てを取り下げることなく、担保取消しについてだけ同意する場合である。この場合には、担保のない状態で、仮差押えの効力が存続することになる。

(c)　**和解に代わる決定による同意の場合**

　和解に代わる決定において、担保取消しに同意する旨の記載がされている場合に、担保権利者（債務者）の同意があったものとして担保取消決定ができるかが問題となる。実務上は、肯定・否定の両説が考えられる（否定説は、担保取消しに対する同意は和解に代わる決定の要件、範囲を超えていると考えるものである）。もっとも、否定的な考え方に立ったとしても、当該和解に代わる決定が確定している以上、担保権利者の同意が確定しているものと扱わ

ざるを得ないとする考え方もある。

また、担保取消しの同意に係る記載がされていたとしても、担保権利者（債務者）が同意したことに基づく担保取消しの申立てではなく、和解に代わる決定の内容が勝訴的なものであることを前提として、担保事由の消滅を前提として申立てをすることも可能である。

(C) **権利行使催告**（担保権利者の同意擬制。民訴法79条3項）

前記のとおり、**訴訟の完結**後、裁判所が**担保権利者**に**権利行使**の**催告**をし、担保権利者が権利行使をしないことで、担保取消しの同意があったものとみなされる場合である。

債権者が仮差押えの執行手続をしたが奏功せず、保全命令の申立てを取り下げた場合や、本案訴訟で全部勝訴の判決を得られず、担保の事由が消滅したことに基づく担保取消しが認められない場合などに利用されることになる。

担保事由の消滅に該当する場合（民訴法79条1項）や担保権利者（債務者）の同意（同条2項）が得られる場合には、これらを理由とする申立てがされるであろうから、基本的に、これらに該当しない場合に用いられることになる。

(a) **本案訴訟未提起、保全命令申立ての取下げおよび執行解放の場合**

債権者が**保全命令**の**申立て**を**取り下げ**て、**保全執行**も**解放**された場合である（なお、債権の仮差押えや不動産の仮差押えのように、保全命令手続と保全執行手続を同一の裁判所が行う場合には、保全命令の申立てを取り下げれば、保全執行も解放されることにも留意されたい）。

本案訴訟が未提起の場合に、あえて本案訴訟を提起させることは訴訟経済にも反するし、債権者において、保全事件の取下げにより事件を終了させた場合には、債務者は損害を確定して、その損害賠償請求ができることになると考えられるから、訴訟が完結したものと解されている。

本案訴訟が未提起であることは、申立書にその旨の記載をすれば足りる（【書式15】参照）。

(b) **本案訴訟提起、保全命令申立ての取下げおよび執行解放の場合**

本案訴訟が提起され、係属中である場合には、本案訴訟の確定を待たない

で担保権利者に権利行使を強いることは相当ではないから、保全命令の申立てが取り下げられ、保全執行の解放がされても、訴訟が完結したものとはいえないことになる。

したがって、**本案訴訟提起後**は、**保全命令の申立てを取り下げる**だけでなく、**本案訴訟の確定・終了**を証明する書面を提出してから、権利行使催告の申立てをすることになる。

権利行使催告によることになる場合の代表的な例と添付書類をあげると、次のようなものが考えられる。

① 債権者敗訴の判決が確定した場合　本案訴訟の判決正本およびその写し（正本は、写しと照合された後、返還される）、判決確定証明書。

② 債権者による請求の放棄がされた場合　請求放棄調書正本およびその写し（正本は、写しと照合された後、返還される）。

③ 訴えの取下げがされた場合　訴えの取下げがされたことの証明書（証明書には訴状を添付する）。

④ 被保全権利について債権者の全部勝訴的ものとはいえない内容の和解または調停の成立　敗訴的な和解または調停調書正本およびその写し（正本は、写しと照合された後、返還される）。

実務ノート──債務者の破産と担保取消し

Ⅰ　担保事由の消滅にあたる場合

被保全債権と確定した破産債権との同一性が認定できる場合には、担保の事由が消滅したものとして、担保取消決定をすることができる。

Ⅱ　担保権利者の同意による場合

破産管財人による取消しの同意が得られる場合には、同意による担保取消しが可能である。なお、同意は、破産債権確定前でもすることが可能である。

破産管財人による同意の場合には、①破産管財人であることの証明書、②破産管財人の印鑑証明書のほか、③担保取消しに同意し、即時抗告権を放棄することについての破産裁判所の許可書面（破産法78条２項12号）の提出も必要となる。なお、破産事件の申立てが平成17年３月１日以降で、担保額が100万円以下である場合（同条３項１号）または担保取消しの同意について破産裁判所

第5章　担保取消し

の許可を要しない旨の決定をあらかじめしている場合（同項2号）には、破産裁判所の許可が不要となるから、許可書面は不要である。

Ⅲ　権利行使催告による場合

　保全決定後、債務者について破産手続開始決定がされた場合、破産債権が確定するまでの間は、権利行使催告をすることができないと解されている。その後、破産手続が進行し、破産債権が確定した後は、訴訟の完結があったものとして、破産管財人に対する権利行使催告が可能である。

(6) 裁判所の審査

　担保取消しの申立てがされると、申立人・被申立人の適格性、申立ての事由の有無等を審査し、**担保事由の消滅**（民訴法79条1項）に該当する場合、あるいは**担保権利者の同意**（同条2項）がある場合に該当すると判断される場合には、（特段の手続をすることなく）担保取消決定がされることになる。

　また、**権利行使催告**をする場合に該当すると判断される場合には、担保権利者に対する権利行使の催告がされる。

　催告書に盛り込むべき事項は、①当事者の表示、②事件の表示（保全命令事件の表示）、③権利行使すべきこと（催告書の送達を受けてから14日以内とする例が多い。初日は不算入である）、④権利行使をした場合の裁判所への届出（権利行使期間満了後5日以内とする例が多い。また届出は、訴状の写しを添付した受理証明書の提出によることになる）、⑤届出がない場合に同意が擬制されることである。

　また、この催告書は、裁判ではないが、その主体となるのが裁判所と解され、この催告によって担保取消しの同意が擬制されるという効果を生じさせるものでもあることから、裁判官名により催告することが相当であるという考え方と、主体となる裁判所名で作成することでも差し支えないという考え方がある。

　権利行使催告をしたものの、期間内に権利行使の届出がない場合には、担保取消決定がされることになる。

3 担保取消しの手続

(参考40)　権利行使催告書

平成○年㈵第○号担保取消申立事件
(基本事件：平成○年㈠第○号債権仮差押命令申立事件)
申　立　人（担保提供者）　　○　○　○　○
被申立人（担保権利者）　　　○　○　○　○

催　告　書

被申立人（担保権利者）　殿

　頭書の基本事件の執行により損害を受けた場合には，この催告書送達の日から14日以内に，担保権利者として，訴え提起等の裁判手続により権利を行使することを催告します。
　権利の行使をしたときは，上記期間の満了の日から5日以内に，その手続をとったことの証明書（訴状等の写しを添付したもの）を添えて，その旨を当裁判所に申し出てください。
　この期間内に権利を行使した旨の申出がない場合は，権利の行使をしなかったものとして，民事保全法4条2項，民事訴訟法79条3項の規定により，基本事件の担保の取消しに同意があったものとみなして処理します。

　　　平成○年○月○日

　　　　　　　　　　○○簡易裁判所
　　　　　　　　　　　裁判官　　○　○　○　○　㊞

（注）　裁判官名の記名押印方式による場合の例である。裁判所名方式による場合には，裁判所名だけで，裁判官の押印のないものが送達されることになる。

(参考41)　権利行使催告書の説明書

催告書の説明

1　このたび，申立人（担保提供者）から，あなたが債務者となった仮差押事件又は仮処分事件（催告書記載の基本事件）において，申立人が立てた担保の取消しを求める申立てがありました。
2　送付した催告書は，あなたが前記仮差押事件又は仮処分事件の執行を受け

第5章　担保取消し

たことにより損害を受けたのであれば，訴え提起等の裁判手続により権利を行使（損害賠償請求）するよう催告する意味の書類です。
3　あなたが，訴え提起等の裁判手続をとらない場合には，当裁判所に対し連絡をする必要はありません。
　　また，この催告は，あなたに対して金員の支払などの負担を求める趣旨のものではありませんので，念のため申し添えます。
4　あなたが，催告書記載の期間内に，裁判所に申出をしない場合には，申立人（担保提供者）が仮差押事件又は仮処分事件（催告書記載の基本事件）で立てた担保を取り消す決定をし，あなたにも，その決定正本を送付することになります。この決定についても，不服がないのであれば，特段の手続をとる必要はありません。

　　○○簡易裁判所
　　　　電話　12－3456－7890（内線1111）

（参考42）　担保取消決定

平成○年㈹第○号	担保取消決定	
申立人 　○　○　○　○		被申立人 　○　○　○　○
代理人		代理人
主　文	下記の担保を取り消す	
取り消す 担　保 但し，数字 に○を付し たもの	当裁判所　　平成○年(ﾄ)第○号 ①　　仮差押　　　　　　　2　　仮処分	
	①　○○法務局に供託した	
	平成年度 | 金・証 | 供託番号 |　　金　額（証＝総額面）	
	○○　　 |　金　 |　○○　 |　　　　　　　○万円	
	2　支払保証委託契約 　　　契　約　日 　　　契約銀行等 　　　契約金額　　金　　　　　　　　　万円を限度	
	1　担保権利者の同意	

3 担保取消しの手続

取消の事由	2 担保権利者が同意したものとみなす
但し，数字に〇を付したもの	③ 担保の事由が止んだ 　　〇〇簡易裁判所　　　　平成〇年(ハ)第〇号 　　　① 申立人勝訴判決確定 　　　2 請求認諾 　　　3 申立人勝訴的和解
	平成〇年〇月〇日 　　　〇〇簡易裁判所 　　　　　裁判官　　〇　〇　〇　〇

(注) 担保取消しの事由ごとに決定書を作成する方式もあるが，迅速処理の要請に応えるために，各事由をまとめた決定書が用いられることもある。これは，後者の場合の例である。

(参考43) 担保取消決定──担保権利者の同意がある場合

> 本件担保は担保権利者の同意があるので取り消す。
> 　平成〇年〇月〇日
> 　　　　　〇〇簡易裁判所
> 　　　　　　　裁判官　　　　　　　　㊞

(注) 担保権利者の同意があり，かつ，即時抗告権放棄書が提出されている場合には，決定後直ちに確定することから，担保取消申立書の余白を利用して担保取消決定をする場合もある。

(参考44) 担保取消決定の説明書

> 　　　　　　　　担保取消決定の説明
>
> 1 このたび，あなたに送付（送達）しました「担保取消決定」とは，あなたが債務者となった仮差押事件又は仮処分事件について，債権者が立てていた担保が取り消された旨の通知をするものです。
> 2 この担保とは，仮差押え又は仮処分を発するに際して，あなたに不利益を生じさせてしまうおそれががあったことから，あなたに生じた損害を容易に

確実に賠償させるために，債権者に一定の金員を確保（供託）させておいたものです。

その金員は，担保取消決定正本の中央付近に記載されています。

担保取消決定は，この担保の必要性がなくなったものと裁判所が判断したものです。

したがって，この決定は，あなたに金員の支払を求めるものではありません。

3　この決定について，不服があるという場合には，決定正本の送付（送達）を受けた日から7日以内に，不服申立て（即時抗告）をすることができます。

不服がないという場合には，特段の手続をとる必要はありません。

　　〇〇簡易裁判所

　　　　電話　12-3456-7890（内線1111）

(7) 申立ての却下

担保事由の消滅（民訴法79条1項）に該当するとして担保取消しの申立てをしたものの、その証明がされなかったときは、申立却下の対象になる。担保権利者の同意（同条2項）がある場合に該当するとして担保取消しの申立てをしたものの、その証明がない場合も同様である。もっとも、実務では、直ちに申立ての却下をすることなく、まず、取下げの促しがされ、これに応じなかった場合に却下することになろう。

権利行使催告による担保取消しの申立て（民訴法79条3項）について、訴訟が完結したことについて証明がされないとき、あるいは、権利行使催告に応じて適法な権利行使があったことの証明がされたときも同様な取扱いとなろう。なお、権利行使催告による担保取消しの申立ては、権利行使催告の申立てと担保取消しの申立てが併合して申し立てられたものと考えられることからすれば、事件の完結が認められないときは、催告の申立てだけを取り下げれば足りるようにも思われるが、権利行使催告の申立てに理由がないときは、担保取消しの申立ても理由がないことになるから、結局、両方を含めて、担保取消しの申立ての取下げをすることになる。

また、担保権利者がすべき権利の行使とは、仮差押え等により被った損害

の賠償請求の訴えを提起し、あるいは、訴え提起前の和解や調停を申し立てるなど、裁判上において請求することであり、裁判外の請求は該当しない。なお、権利行使として訴訟をした結果、担保権利者が敗訴した場合には、担保権利者において、損害が発生する可能性のないことが確定することになるため、担保事由の消滅に該当することになり、これを理由とする担保取消しが認められることになる。

(8) **担保取消決定等の告知および不服申立て**

決定の告知は、**相当な方法**で行われる。

(A) 申立人に対する告知

申立てを認容する決定の場合には、申立人には、不服申立権がないので、普通郵便による送付や口頭による告知等適宜の方式で告知される例が多いと思われる。

申立てを却下する場合には、申立人に対してだけ告知される。この却下決定に対しては、通常抗告（民訴法328条）をすることができる。

(B) 被申立人に対する告知

被申立人に対しては、送達の方法によって告知するのが原則である。**担保取消決定**に対しては、**即時抗告**が可能であり（民訴法79条4項）、抗告期間の経過により、担保取消決定が確定することになる。

なお、担保権利者の同意に基づく取消しの場合で、決定正本の受領書および即時抗告権放棄書が提出されている場合には、普通郵便による送付や口頭による告知等適宜の方式で告知されることになる。

(9) **担保取消決定確定後の手続**

担保取消決定が確定すると、申立人は、供託物払渡請求書に担保取消決定正本およびその確定証明書、**供託書正本**を添付して供託所に取戻しの請求をすることになる。もっとも、実務では、決定正本および確定証明書に代えて、**供託原因消滅証明書**を添付して申し立てる例が多いと思われる。

担保提供が支払保証委託契約による場合には、担保取消決定正本およびその確定証明書、またはこれらに代えて契約原因消滅証明書を支払保証委託契

約を締結した金融機関に提出して、契約を終了させることになる。

【書式19】　供託原因消滅証明申請書

平成〇年㈹第〇号担保取消申立事件
（基本事件：平成〇年㈵第〇号債権仮差押命令申立事件）
申　立　人（債権者）　　〇　〇　〇　〇
被申立人（債務者）　　〇　〇　〇　〇

供託原因消滅証明申請書

　　　　　　　　　　　　　　　　　　　　　平成〇年〇月〇日
〇〇簡易裁判所　御中

　　　　　　　　　　　　　　申立人　　〇　〇　〇　〇　㊞
　　　　　　　　　　　　　　連絡先（電話番号）123－456－7890

　頭書の事件について，申立人が供託している下記記載の担保について，供託原因が消滅したことを証明されたく申請します。

記

供　　託　　日　　平成〇年〇月〇日
供託した法務局　　〇〇法務局
供　託　額　面　　金〇〇万円
供　託　番　号　　平成〇〇年度金第〇〇号

（注）証明に要する手数料（印紙）は150円である。印紙を貼付したものと貼付していないものの、各1部を提出する。

4　担保取戻し

　担保取戻し（規則17条）の手続は、保全命令またはその保全執行によって債務者に損害が生じないことが保全命令をした裁判所に明らかな場合、あるいは、債務者に担保の取消決定に対する不服の申立てをする機会を与える意味がない場合に、担保提供者に対し、保全命令を発令した裁判所の許可という簡易な手続で担保の取戻しを認める手続である。

(1) 要　件

代表的な例は、次のとおりである。

　(A)　債権の仮差押えの場合

債権の仮差押えの場合の例は、以下のとおりである。

① 　保全命令を発令する前に、保全命令の申立てが取り下げられたとき
② 　第三債務者への送達に着手する前に保全命令の申立てが取り下げられたとき

なお、第三債務者の提出した陳述書に債務がない旨の記載がされている場合でも取戻しの要件にはあたらないことに留意されたい。

　(B)　不動産の仮差押えの場合

不動産の仮差押えの場合の例は、以下のとおりである。

① 　保全命令を発令する前に、保全命令の申立てが取り下げられたとき
② 　不動産登記の嘱託をする前に保全命令の申立てが取り下げられたとき

(2)　申立権者

担保提供者またはその承継人である。

(3)　申立ての方式

書面により申立てをする（規則17条2項）。なお、この申立てについては、民事雑事件としての立件を行わない。

なお、保全執行がされる余地をなくすために、保全決定正本を添付する。

(4)　管轄裁判所

担保提供を命じた裁判所に行う。

(5)　許可の手続

許否いずれの場合でも、当事者は不服申立てをすることができない。したがって、不許可となった場合には、担保取消しの申立て（民訴法79条）を検討することになる。

【書式20】　担保取戻許可申立書

平成○年(ト)第○号債権仮差押命令申立事件

第5章 担保取消し

申 立 人（債権者）　○　○　○
被申立人（債務者）　○　○　○

担保取戻許可申立書

　　　　　　　　　　　　　　　　　　　平成○年○月○日

○○簡易裁判所　御中

　　　　　　　　　　　　　　申立人　○　○　○　○　㊞
　　　　　　　　　　　　連絡先（電話番号）123－456－7890

　頭書の事件について，申立人が供託している下記記載の担保について，第三債務者への送達に着手する前に保全命令の申立てを取り下げたため，債務者に損害が生じないことが明らかであるから，担保取戻許可の申立てをします。

記

供　託　日　　　平成○年○月○日
供託した法務局　　○○法務局
供　託　額　面　　金○○万円
供　託　番　号　　平成○○年度金第○○号

（注）実務では、申立書を2通提出し、うち1通に許可された旨と正本認証をしたうえで交付されるという取扱いがされている。

第6章

保全命令に対する不服申立て

1　概　要

(1)　不服申立ての方法

保全命令手続の**裁判**に対する**不服申立て**の方法は、①保全命令の申立てを却下する裁判に対する債権者の即時抗告、②保全命令（仮差押え・仮処分）に対する債務者の**保全異議**（法26条）、**保全取消し**（法37条ないし39条）の申立て、③保全異議申立ておよび保全取消しの裁判に対する保全抗告がある。

この章では、上記のうち②について、その概要に触れることとする。

(2)　保全異議と保全取消しの差異

保全異議は、保全命令の発令の直前の状態に戻って、保全命令の申立てについて、被保全権利および保全の必要性について**再度審査**する手続である。これに対して、**保全取消し**は、保全命令の発令の基礎となる被保全権利および保全の必要性がその発令当時に存在していたことは問題とせず、**その後に生じた事情**に基づき、保全命令を取り消す手続である。

2　保全異議

(1)　申立権者

債務者が原則的な申立権者である（法26条）。

債権仮差押えの第三債務者には、保全異議の申立ては認められない。

(2)　管轄裁判所

保全命令を発令した裁判所である（法26条）。裁判所は、一定の事由がある場合、職権で他の裁判所に移送することができる（法28条）。

(3)　申立ての時期

既判力のない保全命令の当否を争う手続であるから、保全命令が有効に存在する限り、いつでも申立てができる。もっとも、保全命令発令後、相当期間が経過した後は、保全異議の申立てをする利益が乏しくなると考えられよう。

また、保全命令の申立てが取り下げられた場合や、債権者が本案訴訟で勝

訴し、当該判決が確定して本執行が開始された場合には、保全異議の申立てはできない。

(4) 申立ての方式

保全異議の申立ては、**書面**でしなければならない（規則1条3号）。また、申立書とともに、債権者の人数分の申立書の写しを提出しなければならない。（規則25条1項）。

また、書証を提出する場合も、その写しを債権者の人数に1を加えた通数分提出しなければならない（規則25条2項）。

これらの写しは、裁判所書記官が債権者に送付する（規則25条3項）。

【書式21】 保全異議申立書

保全異議申立書

平成○年○月○日

収入印紙 500円

○○簡易裁判所　御中

　　　　　　　　　　　債務者　賤ヶ岳槍夫　㊞
　　　　　　　　　　　　　電　話　000－000－0000
　　　　　　　　　　　　　ＦＡＸ　000－000－0000

　当事者の表示　別紙当事者目録記載のとおり

申立ての趣旨

1　債権者と債務者との間の○○簡易裁判所平成○年(ト)第○号債権仮差押命令申立事件について，同裁判所が平成○年○月○日にした仮差押決定を取り消す。
2　債権者の上記債権仮差押命令の申立てを却下する。
3　申立費用は債権者の負担とする。
との裁判を求める。

申立ての理由

1　被保全権利の不存在
　(1)　債権者は，債務者に対し，平成○年○月○日，50万円を次の約定で貸し

第6章　保全命令に対する不服申立て

付けた旨を主張し，その疎明資料として金銭消費貸借契約証書（甲１）を提出するが，債務者は，債権者から貸付を受けたことはない。
(2)　また，債務者は上記金銭消費貸借契約証書に署名したことはなく，同証書の押印も債務者の印鑑によるものではない。
2　保全の必要性
(1)　債権者は，債務者に対し，書面により残債務の支払を催促したが（甲３），債務者からは，何ら応答がなかった旨の主張をしているが，債務者は，債権者から督促を受けたことはない。
(2)　債務者は，債権者から貸付を受けたことがないから，支払をしていないだけである。
3　したがって，本件仮差押決定は，被保全権利も保全の必要性もないから，速やかに取消しの上，申立てを却下されたい。

疎　明　方　法

乙１　陳述書

添　付　書　類

乙号証　　　１通

当事者目録

〒000-0000　〇〇県〇〇市〇〇１丁目２番３号
　　　　　　　債　権　者　　琵琶湖　鱒　郎
〒000-0000　〇〇県〇〇市〇〇２丁目３番４号
　　　　　　　債　務　者　　賤ヶ岳　檜　夫

（注）　保全異議申立ての手数料は、500円である（民事訴訟費用等に関する法律３条１項、別表第１・17ハ）。

(5)　**申立書の記載事項（規則24条）**
　(A)　保全命令事件の表示
保全異議申立ての対象とする保全命令申立事件の事件番号を記載する。

(B) 債務者の氏名（または名称）および住所、並びに代理人の氏名および住所、債権者の氏名（または名称）および住所

異議申立人を債務者、被申立人を債権者として記載する。

(C) 申立ての趣旨

保全命令の**取消**または**変更**と、債権者の**保全命令申立て**の**却下**の裁判を求める旨を記載する。

保全命令について一部の取消しまたは変更を求める場合には、申立ての趣旨で、その範囲を明らかにする（規則24条2項）。

(D) 申立ての理由

異議の理由としては、①被保全権利の不存在、②被保全権利の成立を妨げる事実（弁済等の抗弁事実）の存在、③保全の必要性の不存在、④担保金額が相当でないこと、⑤仮差押解放金額が相当でないこと、⑥管轄違い、⑦当事者適格の欠如等、が考えられる。

早期に争点を把握し、的確な証拠調べが行えるよう申立書において、保全命令の取消しまたは変更を求める理由を具体的に記載し、かつ、立証を要する事由ごとに証拠を記載しなければならない（規則24条3項）。

(E) その他

保全異議の申立書は、準備書面としての性質も有するから、附属書類の表示、申立人の記名押印、提出年月日、管轄裁判所の表示等、民訴規則2条の記載事項も盛り込む必要がある。

(6) 申立て

申立てがされると、民事雑事件簿に登載して受け付ける。記録符号は、「サ」である。

(7) **保全異議申立ての取下げ**

保全異議申立ての**取下げ**は、異議手続における裁判の効力発生時までできる。異議申立ての取下げには、債権者の同意を得る必要はない（法35条）。

保全異議事件の審理中に保全命令の申立ての取下げがあった場合、異議事件は、当然に終了する。

(8) 保全異議申立ての効果

保全異議事件は、**続審**であり、保全異議の審理も**決定手続**で行われるため、保全命令の申立ての手続で提出された資料は、そのまま異議事件でも資料として用いることができる。

保全異議の申立てをしても、保全執行には影響を与えないので、債務者が保全執行の停止または取消しを求めるためには、その申立てをしなければならない。もっとも、その要件は厳しく、保全命令の取消しの原因となることが明らかな事情および保全執行により償うことができない損害を生ずるおそれがあることを疎明しなければならない（法27条）。

また、債権者は、保全異議申立書の写しの送付を受けたときは、遅滞なく、保全命令の申立ての手続において提出した主張書面および書証の写しを債務者に**直送**しなければならない（規則26条）。

(9) 審理

(A) 概要

基本的には、保全命令申立ての審理と同じであり、**書面審理**と**双方審尋**（法29条。簡易裁判所の審理において、口頭弁論が開かれることは、基本的にはないと思われる）が行われる。保全異議申立書といった主張書面や書証は、提出だけで、裁判資料になることから、口頭による陳述などの必要はない。

(B) 審理の内容

(a) 概要

具体的な審理の内容としては、債権者のほうは、すでに保全命令が発令されているので、**仮差押決定**を**認可**する裁判を求める趣旨を追加することになる。債権者が、審理中に、保全命令の申立ての趣旨を減縮することや、請求の基礎の同一性の範囲内で被保全権利を変更することは可能である。

審尋は、当事者等からの主張の聴取、釈明処分として行うものであるから、証拠調べとしての性質は有しない。なお、当事者以外の者でも、当事者のために事務を処理し、または補助する者で、裁判所が相当と認める者に陳述させることができる（法9条）。

(b) **債権者の主張立証**

債権者は、前記のとおり、すでに保全命令が発令されていることを前提として、「本件仮差押決定を認可する。申立費用は債務者の負担とする」旨の主張をすることになる。また、保全命令の申立ての理由として、被保全権利と保全の必要性について主張立証することが考えられるが、すでに仮差押決定の発令段階で提出されている申立書および書証等は、そのまま保全異議の審理において判断の資料となるから、基本的に、債務者の異議事由に対する反論反証が中心となろう。

(c) **債務者の主張立証**

基本的には、保全異議申立書および申立書に添付した書証による主張立証で足りると思われるが、異議事由に対する債権者の反論反証を踏まえて、補充すべき事項があるか、検討することになろう。

(C) 審理の進行

立証は**疎明**によることになるから、即時に取調べ可能なものに限定される（法13条2項、民訴法188条）。

(D) 審理の終結

裁判所が保全異議の審理を**終結**するためには、相当の猶予期間（7日から10日間程度）をおいて**審理終結日**を決定するか、もしくは、双方審尋期日に**審理終結宣言**をしなければならない（法31条）。

当事者は、審理の終結の日までは、資料を提出することができるが、実務上は、後者による例が多いと思われるので、主張等の追加を予定している場合には、前者によることを申し出ることが考えられよう。

(参考45) 審尋期日の通知書

平成○年(サ)第○号保全異議申立事件
（基本事件：平成○年(ト)第○号債権仮差押命令申立事件）
申　立　人（債務者）　　○　○　○　○
被申立人（債権者）　　○　○　○　○

第6章　保全命令に対する不服申立て

審尋期日通知書

○　○　○　○　殿

　　　　　　　　　　　平成○年○月○日
　　　　　　　　　　　○○簡易裁判所
　　　　　　　　　　　　裁判所書記官　　○　○　○　○　㊞

　頭書の基本事件の仮差押決定に対する保全異議の申立てについて、審尋期日が下記のとおり指定されましたので、同期日に出頭してください。
　なお、事件関係の書類をご持参ください。
記
　審尋期日　平成○年○月○日午前○時○分
　出頭の場所　○○簡易裁判所書記官室
（注）　書記官室にお越しになった際は、この通知書を係員に示してください。
　　　　また、当日、ご本人であることを確認できる運転免許証等の身分証明書を必ず持参してください。

⑽　**裁　判**

　審理の結果に応じて、保全命令の**認可**、**変更**または**取消し**の決定がされる（法32条）。保全異議申立てについての決定においては、その**理由**を明示しなければならない（同条4項、16条本文）。また、理由を記載するにあたっては、主要な争点とこれに対する判断を示さなければならないとされている（規則9条2項6号、3項）。理由の記載にあたって、主張書面（保全命令の申立書その他の当事者の主張を記載した書面）を引用することができる（規則9条4項）。

　(A)　認可の決定

　認可決定は、保全命令を維持する場合である。この場合、保全異議の申立ての却下までする必要はないとされている。一部認可の場合には、残余の部分を取り消す旨の判断がされる。保全命令を認可する場合、保全執行の実施または続行の条件として、債権者に対し、一定の期間内に、担保を立てることまたは担保額の増加を命ずることができる（法32条2項）。

(参考46)　認可決定の主文例

> 1　債権者と債務者との間の○○簡易裁判所平成○年(ト)第○号○○仮差押命令申立事件について，同裁判所が平成○年○月○日にした仮差押決定を認可する。
> 2　申立費用は債務者の負担とする。

(注)　実務上、保全命令の申立てを認容する決定については、費用に関する裁判を省略するのが一般的であるが、保全異議申立てについての裁判は、その審級における事件を完結する裁判であるから、費用に関する裁判をするのが一般的である。

(B)　取消しの決定

取消決定は、異議審が当該保全命令の申立てについて実体的および手続的要件のいずれか、または双方が欠けていると判断する場合である。この場合、主文において、**取消し**とともに**保全命令**の**申立て**を**却下**する旨の裁判がされる。保全命令を取り消す場合には、債務者が担保を立てることを条件とすることができる（法32条3項）。

なお、保全命令を取り消す決定は、告知によって直ちに効力が生ずるが、その効力について一定期間猶予することもできる（法34条）。

(参考47)　取消決定の主文例

> 1　債権者と債務者との間の○○簡易裁判所平成○年(ト)第○号○○仮差押命令申立事件について，同裁判所が平成○年○月○日にした仮差押決定を取り消す。
> 2　債権者の上記仮差押命令の申立てを却下する。
> 3　申立費用は債権者の負担とする。

(C)　変更の決定

変更決定は、認可決定、取消決定以外の保全異議の申立てについての決定である。主文では、原決定のどの部分がどのように変更されたかを、具体的かつ明確に記載することになる。保全命令を変更する場合、保全執行の実施

または続行の条件として、債権者に対し、一定の期間内に、担保を立てることまたは担保額の増加を命ずることができる（法32条2項）。

（参考48）　変更決定の主文例

> 1　債権者と債務者との間の○○簡易裁判所平成○年(ト)第○号○○仮差押命令申立事件について，同裁判所が平成○年○月○日にした仮差押決定の主文中，請求債権額及び仮差押解放金額が○○万円を超える部分を取消し，その余の部分を認可する。
> 2　上記取消しに係る部分につき，債権者の上記仮差押命令の申立てを却下する。
> 3　申立費用は債権者の負担とする。

3　保全取消し

保全取消しは、保全命令の存在を前提として、債務者が申立人となり、債権者を被申立人として、保全命令を発令した裁判所に保全命令の**取消事由**を主張して、その取消しを求めるものである。

保全取消しは、保全異議と同じく、債務者からの不服申立てであり、保全命令の取消しを目的とするものであるから、その審理および裁判の手続は、基本的に、保全異議の場合と同様である。このため、保全取消しの手続には、原則として保全異議の手続に関する規定が準用されている（法40条1項本文）。したがって、以下で概観する、いずれの保全取消しの場合であっても、保全取消しの申立てについての決定をするには、口頭弁論または当事者双方が立ち会うことができる**審尋**の**期日**を経なければならないとされている（法40条1項本文で準用する法29条。なお、保全異議の場合と同様、簡易裁判所の審理において、口頭弁論が開かれることは、基本的にはないと思われる）。

(1)　**本案訴訟の不提起による保全取消し（法37条）**

民事保全は、**本案訴訟**のための仮定的・暫定的な措置であるから、債権者が、速やかに本案訴訟を提起し、権利関係の確定を図ることが前提とされて

いる。にもかかわらず、債権者が本案訴訟を提起しない場合に、債務者の申立てにより、裁判所が債権者に本案訴訟の提起を行うよう命じ（**起訴命令**）、債権者がこれに従わないときに、債務者の申立てによって保全命令を取り消す手続である。

(A)　起訴命令

債務者は、まず、**起訴命令**の**申立て**をする。

(a)　**申立て**

(ア)　申立権者

原則は、債務者である。

(イ)　管轄裁判所

保全命令を発令した裁判所である（法37条1項・3項、専属管轄、法6条）。

(ウ)　方　式

書面による（法37条1項、規則28条、24条）。申立てに手数料は要しないが、債権者に起訴命令を送達するための郵便切手が必要になる。

【書式22】　起訴命令の申立書

平成〇年(ト)第〇号　債権仮差押命令申立事件

起訴命令申立書

平成〇年〇月〇日

〇〇簡易裁判所　御中

　　　　　　　　　　　　　　　債務者　賤ヶ岳槍夫　㊞
　　　　　　　　　　　　　　　電　話　000－000－0000
　　　　　　　　　　　　　　　ＦＡＸ　000－000－0000

　当事者の表示　別紙当事者目録記載のとおり

　上記当事者間の頭書事件について、平成〇年〇月〇日に仮差押決定がされたが、債権者は本案の訴えを提起しないので、債権者に対し、本案の訴えを提起していない場合には、これを管轄裁判所に提起するとともに、提起していることを証明する書面を、すでに本案の訴えを提起している場合には、訴訟が係属していることを証明する書面を、相当期間内に貴庁に提出しなければならない、

との決定を求める。

```
                    当事者目録

〒000－0000　　○○県○○市○○1丁目2番3号
                    債　権　者　琵琶湖　鱒郎
〒000－0000　　○○県○○市○○2丁目3番4号
                    債　務　者　賤ヶ岳　檜夫
```

(b)　**受付等**

　起訴命令の申立てがされると、民事雑事件簿に登載して受け付ける。記録符号は、「サ」である。

　申立てがされると、裁判所は、本案訴訟の係属の有無を調査することなく、**直ちに**、**相当な期間**を定めた**起訴命令**を発令することになる。相当な期間は、2週間以上でなければならないが（法37条2項）、実務では、1カ月の期間を定める例が一般的である。

（参考49）　起訴命令

```
平成○年(サ)第○号　起訴命令申立事件
（基本事件：平成○年(ト)第○号　債権仮差押命令申立事件）

               決　　　定

　　当事者の表示　　別紙当事者目録記載のとおり
　上記当事者間の頭書の基本事件について、当裁判所は、債務者の申立てにより、次のとおり決定する。

               主　　　文

債権者は，
1　本案の訴えを提起していない場合には、これを管轄裁判所に提起するとと
```

もに，提起したことを証明する書面を，
2 すでに本案の訴えを提起している場合には，この決定送達の日以降におけるその係属を証明する書面を，
この決定の送達を受けた日から〇日以内に，当裁判所に提出することを命じる。

　　　　　　　　　　　平成〇年〇月〇日
　　　　　　　　　　　　　〇〇簡易裁判所
　　　　　　　　　　　　　　裁判官　〇　〇　〇　〇　㊞

(別紙当事者目録省略)

　(B)　**本案の訴えの提起として扱われるもの**

　本案の訴え提起の中には、通常の訴え提起のほか、反訴の提起や独立当事者参加等も含まれる。家事調停の申立てや労働審判手続の申立ても本案の訴え提起とみなされるが（法37条5項）、民事調停の申立てや訴え提起前の和解の申立ては、含まれないと考えられている。

　また、訴えの内容は、被保全権利と同一でなければならないが、厳密に同一でなくとも、請求の基礎が同一であればよいとされている。

　訴えの形式も、給付の訴えだけでなく、確認の訴えや形成の訴えでもよい。

【書式23】　上申書

平成〇年㈹第〇号　起訴命令申立事件
(基本事件：平成〇年(ト)第〇号債権仮差押命令申立事件)
債権者　　〇　〇　〇　〇
債務者　　〇　〇　〇　〇

　　　　　　　　　　上　申　書

〇〇簡易裁判所　御中
　　　　平成〇年〇月〇日
　　　　　　　　　　　　債権者　〇　〇　〇　〇　㊞

　頭書の基本事件について，債権者は，別紙証明書のとおり本案の訴えを提起したので，その旨上申します。

第6章　保全命令に対する不服申立て

(証明書省略)

(注)　①　起訴命令は、命令正本が債権者（本人）に送達される。
　　　②　本案の訴え提起等をしている場合には、上申書に訴え提起を証明する書面を添付して起訴命令が発令された裁判所に提出する。
　　　③　証明書は、訴状の受理証明書か訴訟の係属証明書が考えられる。いずれの証明書にも訴状等を添付する。

　　　(C)　保全命令の取消し

　債権者が、起訴命令で定めた期限内に、本案の訴え提起およびその係属を証明する書面を提出しなかったときは、**債務者**の**申立て**により、保全命令を取り消すことになる（法37条3項）。

【書式24】　本案訴訟の不提起等による保全取消申立書

本案訴訟の不提起等による保全取消申立書

　　　　　　　　　　　　　　　　　　　　平成○年○月○日　　　｜収入印紙　500円｜

○○簡易裁判所　御中

　　　　　　　　　　　　　　債務者　賤ヶ岳槍夫　㊞
　　　　　　　　　　　　　　電　話　000－000－0000
　　　　　　　　　　　　　　ＦＡＸ　000－000－0000

　　当事者の表示　別紙当事者目録記載のとおり

申立ての趣旨
1　○○簡易裁判所が、同裁判所平成○年(ト)第○号債権仮差押命令申立事件について、平成○年○月○日にした仮差押決定を取り消す。
2　申立費用は債権者の負担とする。
との裁判を求める。

申立ての理由
1　○○簡易裁判所は、債権者の申立てにより、同裁判所平成○年(ト)第○号債権仮差押命令申立事件について、平成○年○月○日に仮差押決定をした（甲1）。

2　○○簡易裁判所は，債務者の申立てにより（平成○年㈹第○号起訴命令申立事件），債権者に対し，本案の訴えを提起していない場合には，これを管轄裁判所に提起するとともに，提起したことを証明する書面を，すでに本案の訴えを提起している場合には，この決定送達の日以降におけるその係属を証明する書面を，この決定の送達を受けた日から○日以内に，当裁判所に提出しなければならない旨の決定をし，同決定は，債権者に対し，平成○年○月○日に送達された（甲2，3）。
3　しかし，債権者は，同期間内に，本案訴訟の提起又は係属を証明する書面を提出しないから，民事保全法第37条に基づき前記仮差押決定の取消しを求める。

疎 明 方 法

甲1　仮差押決定正本
甲2　起訴命令の決定正本
甲3　起訴命令の決定正本の送達証明書

添 付 書 類

甲号証　各1通

当事者目録

〒000－0000　○○県○○市○○1丁目2番3号
　　　　　　　　　債　権　者　琵 琶 湖　鱒　郎
〒000－0000　○○県○○市○○2丁目3番4号
　　　　　　　　　債　務　者　賤 ヶ 岳　檜　夫

（注）　保全取消申立ての手数料は、500円である（民事訴訟費用等に関する法律3条1項、別表第1・17ハ）。

（参考50）　保全取消決定

平成○年㈹第○号　保全取消決定申立事件
（基本事件：平成○年㈵第○号　債権仮差押命令申立事件）

第6章 保全命令に対する不服申立て

> **決　　定**
>
> 　　当事者の表示　　別紙当事者目録記載のとおり
> 　上記当事者間の頭書の基本事件について，当裁判所は，債務者の申立てにより，次のとおり決定する。
>
> 　　　　　　　　　　　**主　　文**
> 1　○○簡易裁判所が，同裁判所平成○年(ト)第○号債権仮差押命令申立事件について，平成○年○月○日にした仮差押決定を取り消す。
> 2　申立費用は債権者の負担とする。
>
> 　　　　　　　　　　　**理　　由**
> 　債務者は，前記債権仮差押命令申立事件について，当庁に起訴命令の申立てをし，当庁は，平成○年○月○日に起訴命令を発付し，同命令は平成○年○月○日に，債権者に送達されたが，債権者は，同命令において命じられた期間内に本案の訴えを提起したこと，又は本案の訴えが係属していることを証明する書面を提出しなかった。よって，主文のとおり決定する。
> 　　　　　　　平成○年○月○日
> 　　　　　　　　　　○○簡易裁判所
> 　　　　　　　　　　　　裁判官　　○　○　○　○　　㊞
>
> (別紙当事者目録省略)

(2) **事情変更による保全取消し（法38条）**

　保全命令発令後、被保全権利または保全の必要性のいずれか、あるいはその両方について消滅するなどの場合に、保全命令をそのまま存続させておくことは不相当であることから、債務者が保全命令の取消しを求めるための手続である。

　(A) **申立て**

(a) **申立権者**

　原則は、債務者である。

(b) **管轄裁判所**

保全命令を発令した裁判所または本案が係属している裁判所である（法38条1項、専属管轄、法6条）。

(c) **方　式**

書面による（規則1条4号、29条、24条）。申立手数料は500円である（民事訴訟費用等に関する法律3条1項、別表第1・17ハ）。また、郵便切手も必要になる。

(B) **取消しの事由**

保全命令の発令後に、被保全権利が弁済等により消滅したこと、あるいは、仮差押決定を受けた債務者が被保全権利との関係で十分な財産を有するに至ったり、債権者が十分な物的担保を得た場合など保全の必要性が消滅した場合が、取消事由にあたる。

また、債務者が破産手続開始決定を受けた場合に、破産財団に属する財産に対する保全執行は効力を失うが（破産法42条2項）、不動産に対する仮差押えの登記を抹消するためには、事情変更による保全命令の取消しが必要となるのが原則である。

(C) **審　理**

事情変更による保全取消しの審理においては、取消事由としての事情変更の存否が対象となる。取消事由は、債務者が疎明することになる（法38条2項）。

審理に際しては、保全異議の規定の主なものが準用されているが（法40条1項、規則29条）、主張や疎明資料については、保全異議とは異なり、保全取消しの審理において新たに提出されたものだけが考慮されることになる（このため、規則29条は、規則26条を準用していない）。

(D) **判　断**

保全取消しの申立てが、理由があると判断された場合には、決定で保全命令を取り消し、申立てに理由がないか、あるいは不適法な申立てであると判断した場合には、決定で却下することになる。決定に際しては理由が付され

ることになる（法38条3項、16条本文）。

(3) 特別事情による保全取消し（法39条1項）

債務者が、仮処分により、償うことのできない損害を受けるおそれがあるとき、その他特別の事情があることを理由として、保全命令の取消しを求めるものである。

(A) 申立て

申立権者、管轄、方式については、事情変更による保全取消しとほぼ同じである。

(B) 審理

特別事情による保全取消しの審理においては、取消事由としての特別事情の存否が対象となる。取消事由は、債務者が疎明することになる。

審理に際しては、保全異議の規定の主なものが準用されているが（法40条1項、規則29条）、主張や疎明資料については、保全異議とは異なり、保全取消しの審理において新たに提出されたものだけが考慮されることになる（このため、規則29条は、規則26条を準用していない）。

(C) 判断

保全取消しの申立てが、理由があると判断された場合には、決定で保全命令を取り消すことになる。ただし、取消しの裁判は、担保を立てることを条件にしなければならない（法39条1項）。申立てに理由がないか、あるいは不適法な申立てであると判断した場合には、決定で申立てを却下することになる。決定に際しては理由が付されることになる（法38条3項、16条本文）。

（参考51） 決定の主文例

> 1　○○簡易裁判所が，同裁判所平成○年(ト)第○号○○仮処分命令申立事件について，平成○年○月○日にした仮処分決定を，債務者が金○○円の担保を立てることを条件として取り消す。
> 2　申立費用は債権者の負担とする。

〔著者紹介〕

近藤　基（こんどう　もとい）

　平成14年8月東京簡易裁判所判事に任官、京都簡易裁判所判事などを経て、大阪簡易裁判所判事（執筆時）

(著書等)

① 『(裁判所書記官研修所平成9年度書記官実務研究)　新民事訴訟法における書記官事務の研究(I)～(Ⅲ)』（共著、司法協会）
② 『簡裁民事ハンドブック①＜通常訴訟編＞』（共著、民事法研究会）
③ 『書式　和解・民事調停の実務〔全訂八版〕』（共著、民事法研究会）
④ 『債権配当の実務と書式〔第2版〕』（民事法研究会）
⑤ 『金銭請求事件の和解条項作成マニュアル』（民事法研究会）
⑥ 『簡裁民事ハンドブック②＜少額訴訟編＞』（民事法研究会）
⑦ 『簡裁民事ハンドブック③＜少額訴訟債権執行編＞』（民事法研究会）

簡裁民事ハンドブック❹〈民事保全編〉

平成30年5月6日　第1刷発行

定価　本体2,300円＋税

著　者　近藤　基
発　行　株式会社　民事法研究会
印　刷　藤原印刷株式会社

発行所　株式会社　民事法研究会
　　　　〒150-0013 東京都渋谷区恵比寿3-7-16
　　　　〔営業〕TEL 03(5798)7257　FAX 03(5798)7258
　　　　〔編集〕TEL 03(5798)7277　FAX 03(5798)7278
　　　　　　　http://www.minjiho.com/　　info@minjiho.com

落丁・乱丁はおとりかえします。　ISBN978-4-86556-225-5 C3332 ¥2300E
カバーデザイン　袴田峯男

持ち運びに便利なハンディな実務マニュアル!

2006年10月刊 民事通常訴訟の必須知識をいつでも、どこでも確認できる!

簡裁民事ハンドブック① 〈通常訴訟編〉

- 第1章 簡易裁判所の民事訴訟手続
- 第2章 訴状の提出等
- 第3章 口頭弁論
- 第4章 証拠調べ
- 第5章 訴訟の終了
- 参考資料

塩谷雅人・近藤 基 著　　　　（A5判・219頁・定価 本体2000円+税）

2011年12月刊 少額訴訟手続の必須知識をいつでも、どこでも確認できる!

簡裁民事ハンドブック② 〈少額訴訟編〉

- 第1章 少額訴訟手続の概要
- 第2章 訴状の提出等
- 第3章 口頭弁論期日の準備
- 第4章 訴訟の進行
- 第5章 訴訟の終了
- 第6章 少額訴訟への異議申立て
- 第7章 事件類型別のポイント

近藤 基 著　　　　（A5判・224頁・定価 本体2000円+税）

2011年12月刊 少額訴訟債権執行手続を手続の流れに沿って豊富な書式・記載例で確認できる!

簡裁民事ハンドブック③ 〈少額訴訟債権執行編〉

- 第1章 手続の概要
- 第2章 申立て
- 第3章 債権差押処分手続
- 第4章 差押債権者の取立て
- 第5章 弁済金交付手続
- 第6章 その他留意すべき手続

近藤 基 著　　　　（A5判・204頁・定価 本体1900円+税）

発行　民事法研究会
〒150-0013 東京都渋谷区恵比寿3-7-16
（営業）TEL 03-5798-7257　FAX 03-5798-7258
http://www.minjiho.com/　　info@minjiho.com

民事裁判の実践的手引書

実務の流れに沿って書式・記載例を織り込んでいるので、即実務に対応可能なマニュアル！

書式　民事保全の実務〔全訂五版〕
——申立てから執行終了までの書式と理論——

東京地裁保全研究会　編　　　　　　　　（A5判・629頁・定価　本体5400円＋税）

「権利確保」から「権利実現」のプロセスをたどり思考方法と手続の留意点を平易に解説！

事例に学ぶ保全・執行入門——権利実現の思考と実務

弁護士　野村　創　著　　　　　　　　　（A5判・252頁・定価　本体2300円＋税）

改正民法（債権法）について付記し、より解説を充実させてさらに利便性が向上！

書式　民事訴訟の実務〔全訂10版〕
——訴え提起から訴訟終了までの書式と理論——

大島　明　著　　　　　　　　　　　　　（A5判・571頁・定価　本体5200円＋税）

最新の判例を織り込み各種文書の証拠開示基準の理論的・実務的検証をさらに深化！

文書提出命令の理論と実務〔第2版〕

山本和彦・須藤典明・片山英二・伊藤　尚　編　（A5判上製・672頁・定価　本体5600円＋税）

簡裁民事事件の実務についての過不足のない情報を提供する好評の標準テキスト！

簡裁民事事件の考え方と実務〔第4版〕

加藤新太郎　編　　　　　　　　　　　　（A5判・627頁・定価　本体4800円＋税）

裁判官のなすべき正確な事実認定のあり方と訴訟代理人の主張・立証活動のあり方を紛争類型別に解説！

紛争類型別 事実認定の考え方と実務

田中　豊　著　　　　　　　　　　　　　（A5判・313頁・定価　本体2800円＋税）

発行　民事法研究会

〒150-0013　東京都渋谷区恵比寿3-7-16
（営業）TEL 03-5798-7257　FAX 03-5798-7258
http://www.minjiho.com/　　info@minjiho.com